U0603818

最伟大的思想家

主编：张世英　赵敦华

On Dewey

杜　威

〔美〕罗伯特·B.塔利斯　著

彭国华　译

中华书局

On Dewey, ISBN 981 – 240 – 787 – 1

First published in 2000 by Wadsworth, a division of Thomson Learning, U-nited States of America. All Rights Reserved.

Authorized translation of the edition by Thomson Learning. No part of this book may be reproduced in any form without the express written permission of Thomson Learning and Zhong Hua Book Co..

图书在版编目(CIP)数据

杜威/(美)塔利斯著;彭国华译.—北京:中华书局,2002.1(2016.4 重印)
(最伟大的思想家)
ISBN 978 – 7 – 101 – 09723 – 8

Ⅰ.杜…　Ⅱ.①塔…②彭…　Ⅲ.杜威,G.(1859~1952)–思想评论–通俗读物　Ⅳ.B712.51 – 49

中国版本图书馆 CIP 数据核字(2013)第 249659 号

书　　名	杜　威	
著　　者	〔美〕罗伯特·B.塔利斯	
译　　者	彭国华	
丛 书 名	最伟大的思想家	
责任编辑	董慧洁　陈 洁	
出版发行	中华书局	
	(北京市丰台区太平桥西里 38 号　100073)	
	http://www.zhbc.com.cn	
	E-mail:zhbc@zhbc.com.cn	
印　　刷	北京市白帆印务有限公司	
版　　次	2002 年 1 月北京第 1 版	
	2014 年 1 月北京第 2 版	
	2016 年 4 月北京第 5 次印刷	
规　　格	开本/880×1230 毫米　1/32	
	印张 4⅜　字数 75 千字	
印　　数	18001 – 21000 册	
国际书号	ISBN 978 – 7 – 101 – 09723 – 8	
定　　价	20.00 元	

杜　威

约翰·杜威（John Dewey），1859—1952年，美国哲学家，实用主义哲学的集大成者。先后在密歇根大学、芝加哥大学、哥伦比亚大学等校任教，曾任美国哲学学会主席。1896年创办一所中学作为他教育理论的实验基地，提出"教育即生活、学校即社会"的口号。1919年曾访中国。著有《哲学的改造》等。

杜威改造了传统哲学，认为哲学必须应用科学方法来处理"人的问题"，关注社会批判。他还改造了经验主义，主张经验是个体与共同环境中的其他要素之间进行互动的连续过程；改造了传统认识论，提出"实验性的认知理论"，即"探究的理论"。由其经验论和认识论出发，他提出实验性的道德论，认为道德探究与成长只有在民主社会中才能成为现实。

杜威被尊为"美国民主主义的哲学家"，使实用主义成为美国的特有文化现象，并对罗蒂、胡适等影响巨大。

总　序

赵敦华

贺麟先生在抗战时期写道："西洋哲学之传播到中国来，实在太晚！中国哲学界缺乏先知先觉人士及早认识西洋哲学的真面目，批评地介绍到中国来，这使得中国的学术文化实在吃亏不小。"[1] 贺麟先生主持的"西洋哲学名著翻译委员会"大力引进西方哲学，解放后商务印书馆出版的《汉译世界学术名著》的"哲学"和"政治学"系列以翻译引进西方哲学名著为主。20世纪80年代以来，三联书店、上海译文出版社、华夏出版社等大力翻译出版现代西方哲学著作，这些译著改变了中国学者对西方哲学知之甚少的局面。但也造成新的问题：西方哲学的译著即使被译

———————

[1]　贺麟：《当代中国哲学》，上海书店，1945年版，第26页。

为汉语，初学者也难以理解，或难以接受。王国维先生当年发现西方哲学中"可爱者不可信，可信者不可爱"，不少读者至今仍有这样体会。比如，有读者在网上说："对于研究者来说，原著和已经成为经典的研究性著作应是最为着力的地方。但哲学也需要普及，这样的哲学普及著作对于像我这样的哲学爱好者和初学者都很有意义，起码可以避免误解，尤其是那种自以为是的误解。只是这样的书还太少，尤其是国内著作。"这些话表达出读者的迫切需求。

为了克服西方哲学的研究和普及之间隔阂，中华书局引进翻译了国际著名教育出版巨头汤姆森学习出版集团（现为圣智学习集团）的"华兹华斯哲学家丛书"（Wadsworth Philosophers）。"华兹华斯"是高等教育教科书的系列丛书，门类齐全，"哲学家丛书"是"人文社会科学类"中"哲学系列"的一种，现已出版 88 本。这套丛书集学术性与普及性于一体，每本书作者都是研究其所论述的哲学家的著名学者，发表过专业性强的学术著作和论文，在为本丛书撰稿时以普及和入门为目的，用概要方式介绍哲学家主要思想，要言不烦，而不泛泛而谈，特点和要点突出，文字简明通俗，同时不失学术性，或评论其是非得失，或介绍哲学界的争议，每本书后还附有该哲学家著作和重要第二手研究著作的书目，供有兴趣读者作继续阅读之用。由于这些优点，这套丛书在国外是不可多得的哲学畅销书，不但是哲学教科书，而且是很多哲学业余爱好者的必读书。

"华兹华斯哲学家丛书"包括耶稣、佛陀等宗教创始人，以及沃斯通克拉夫特、艾茵·兰德等文学家，还包括老子、庄子等中国思想家。中华书局在这套丛书中精选出中国人亟需了解的主要西方哲学家，以及陀思妥耶夫斯基、梭罗和加缪等富有哲理的文学家和思想家，改名为"世界思想家译丛"翻译出版。中华书局一向以出版中国思想文化典籍享誉海内外，这次引进翻译这套西文丛书，具有融会中西思想的意义。现在越来越多的人认识到，在思想文化频繁交流的全球化时代，没有基本的西学知识，也不能真正懂得中华文化传统的精华，读一些西方哲学的书是青年学子的必修课，而且成为各种职业人继续教育的新时尚。中华书局的出版物对弘扬祖国优秀文化传统和引领时代风尚起到积极推动作用，值得赞扬和支持。

张世英先生担任这套译丛的主编，他老当益壮，精神矍铄，认真负责地选译者，审译稿。张先生是我崇敬的前辈，多年聆听他的教导，这次与他的合作，更使我受益良多。这套丛书的各位译者都是学有专攻的知名学者或后起之秀，他们以深厚的学养和翻译经验为基础，翻译信实可靠，保持了原书详明要略、可读性强的特点。

本丛书45册分两辑出版后，得到读者好评。我看到这样一些网评："简明、流畅、通俗、易懂，即使你没有系统学过哲学，也能读懂"；"本书的脉络非常清晰，是一本通俗的入门书籍"；"集文化普及和学术研究为一体"；"要在一百来页中介绍清楚他的整个哲学体系，也只能是一种概述。但对于普通读者来说，这种概述很有意义，简单清晰的描述往往能解决很多阅读原著中出现的误解和迷惑",等等。

这些评论让我感到欣慰,因为我深知哲学的普及读物比专业论著更难写。我在中学学几何时曾总结出这样的学习经验:不要满足于找到一道题的证明,而要找出步骤最少的证明,这才是最难、最有趣的智力训练。想不到学习哲学多年后也有了类似的学习经验:由简入繁易、化繁为简难。单从这一点看,柏拉图学园门楣上的题词"不懂几何者莫入此门"所言不虚。我先后撰写过十几本书,最厚的有80、90万字,但影响最大的只是两本30余万字的教科书。我主编过七八本书,最厚的有100多万字,但影响最大的是这套丛书中多种10万字左右的小册子。现在学术界以研究专著为学问,以随笔感想为时尚。我的理想是写学术性、有个性的教科书,用简明的思想、流畅的文字化解西方哲学著作繁琐晦涩的思想,同时保持其细致缜密的辨析和论证。为此,我最近提出了"中国大众的西方哲学"的主张。我自知"中国大众的西方哲学,现在还不是现实,而是一个实践的目标。本人实践的第一步是要用中文把现代西方哲学的一些片段和观点讲得清楚明白"。① 欣闻中华书局要修订再版这套译丛,并改名为《最伟大的思想家》,每本书都是讲得清楚明白的思想家的深奥哲理。我相信这

———————————

① 详见拙文《中国大众的现代西方哲学》,《新华文摘》2013年第17期,第40页。

套丛书将更广泛地传播中国大众的西方哲学，使西方哲学融合在中国当代思想之中。

2013 年 10 月于北京大学蓝旗营

目　录

致谢

对一个哲学家著作的研究不是一种个人行为，它要求所有研究者的参与。作为这本研究约翰·杜威的书的作者，我不敢谎称在这一点上是个例外。

在威廉·佩特森大学念本科的时候，我的老师，现在是亲密朋友的盎格罗·居福拉斯、安·凯科罗斯以及约翰·彼德曼将我领进了美国哲学的殿堂。我对哲学的兴趣在很大程度上要归功于他们的影响。我敢肯定，他们不一定会赞同我在以下的章节中所表述的每一个观点。不过，我希望在读完本书之后，他们将以有我这样的学生而自豪。

我同样要感激纽约大学的鲍伯·格兰德。1994年我在纽约大学念研究生时所写的关于杜威的研讨会论文和硕士论文，都是在他的指导下完成的。本书的部分章节正来自于上述两篇论文。鲍伯的才干在纽约大学学生的心目中具有传奇的色彩，他兼学者、哲学家和教师的角色于一身。

因此，他本人就是杜威理论的一个活生生的例证。本书的风格和基调大都以他为典范。

我对弥迦·赫斯特博士的感激与日俱增。弥迦以他特有的热情审阅了本书的每个章节。他的仔细审读，使本书的表达更优雅，内容更深入。弥迦还根据沃兹沃斯出版社的要求，运用其计算机技术处理了整个文本，我得承认这一任务超出了我的能力范围。除此之外，弥迦还动员了他的妻子凯莉·雪曼·赫斯特，她同样审阅了整个文稿并提出了许多建议。尤其值得一提的是，凯莉还鼓励我在每一章的结尾处加上一个概要。我向他们致以最深的谢意。

我的哲学家同事和朋友们审阅了本书的各个部分。罗伯特·巴克利、凯茨·柏库姆、格里格·卡鲁梭、卡尔默斯·克拉克、德怀特·古德意尔及罗伯特·特姆皮尔都阅读了部分文稿并提出了很多有益的建议。同样要感谢史蒂夫·卡恩，1997年春天在纽约大学研究生院，我与他一道研读了杜威的政治哲学。彼得·辛普森也一如既往地提供了支持。

当然，许多非哲学工作者也审阅了文稿。我的朋友尤尼·毕利特、米歇尔·卡拉梅利、马特·科特与戴维·麦克库罗欣然同意阅读文稿。有关对哲学问题的全面表述方面，他们提供了最为有益的建议。戴维在本书的最后成稿阶段提供了特别的帮助。我并不想让他们成为哲学专业人士，而是希望他们能更好地理解我为什么对杜威的思想如此着迷。

　　我还要感谢丹尼尔·柯拉克。1990年在威廉·佩特森大学，我与丹尼尔一道选修了认识论课程，我清楚地记得我们曾多次就实用主义的真理论展开讨论。虽然我们在一些技术问题上存在不同见解（我怀疑这种分歧依然存在），但丹尼尔多年以来帮助我理解了投身哲学的价值所在。作为"华兹华斯哲学丛书"（中文版改称"世界思想家译丛"）的主编，他在编辑问题上提供了许多有价值的建议。

　　最后，我要感谢帕特·塔利斯与鲍伯·塔利斯。没有他们的鼓励和支持，我是无法完成本书的写作的。

篇名缩写

下面的缩写用以标明杜威主要著作的名称，在全书中将于括号中给出。在本书的序中可以查阅到有关引用方法的描述。完整的书目信息将在书末列出的建议阅读作品附表中提供。

HT	《我们如何思维》（1910 年）	（MW6）
	（修订版，1933 年）	（LW8）
DE	《民主主义与教育》（1916 年）	（MW9）
RP	《哲学的改造》（1920 年）	（MW12）
HN	《人性与人的行为》（1922 年）	（MW14）
EN	《经验与自然》（1925 年）	（LW1）
PP	《公众及其问题》（1927 年）	（LW2）
QC	《确定性的探究》（1929 年）	（LW4）
IO	《个人主义：新的与旧的》（1930 年）	（LW5）
CF	《一种共同的信仰》（1934 年）	（LW9）

序

　　这本小册子介绍了约翰·杜威的主要哲学思想，适用于哲学初学者以及对杜威思想感兴趣的一般读者。读者无须经过预先的哲学训练。我试图将学院化哲学术语的使用减少到最低限度，在不得已使用术语的情况下，我将对这些术语的意义给出充分的说明。

　　在其辉煌的学术生涯中，杜威的哲学研究涉及了人类经验的所有层面：艺术、知识、教育、道德、政治、科学和宗教。这使得提供一本简明却完整的导读书的任务尤其具有挑战性。什么是杜威哲学最本质的部分？因为在学院内部关于这一问题的观点各异，所以每一个研究杜威的专家都可能在以下的章节中找到他要指责的东西。确实，这本书原本可以用许多方式来写。因为人们对这种篇幅的书的期望值并不高，我便放弃了一些批判性的评论，但这些评论也许适合于对杜威的哲学思想的最基本的特性作出一般解释。我的目标是对杜威的思想作出准确的概括，提供研究的基础，更为重要的是，我希望能激发人们对其著作进行更为细致的阐释。为尽人意，我将尽可能地在书末以及数处尾注中为进一步的阅读提供一些建议。

关于杜威的著作我还有一些话要说。杜威的第一篇哲学论文发表于 1882 年。在他 1952 年去世以前，他的论文、评论和著作陆续得以付梓。杜威的全部著作由南伊利诺斯大学出版社出版，共计 37 卷，按时间顺序分为三辑：《早期著作集》、《中期著作集》与《晚期著作集》。这套书具有很高的权威性，本书对杜威著作的引用都将来自这一版本。

我对学者们引用杜威著作的惯例作了少许修改。引文的出处用括号标出，包括著作的发表时间、卷次、冒号及页码，因而标为"（LW1：107）"的一段引文便表示它出自"杜威《晚期著作集》第 1 卷第 107 页"。这种方法虽然标准，但也遇到了困难。按照学术上的惯例，标明引文的出处不需要写上具体书名，然而尽管学者们已经熟悉了杜威的著作集，那些使用其他版本的杜威著作的非专业人士还是会遇到麻烦。我认为对本书的读者而言，重要的是能够通过书名来找到引文的出处，而不仅仅是通过著作集的卷次来做到这一点。于是，在引用杜威的主要著作时，我便在括号中标出书名的缩写形式，因此标为"（*EN*，LW1：107）"的一段引文便表示它出自"杜威《经验与自然》，《晚期著作集》第 1 卷第 107 页"。在引用论文或较次要的著作时，我也力图给出引文的出处，请参阅本书第 4 页关于缩略语的列表。

在《民主主义与教育》这部论教育的著作中，杜威认为一个学生在遇到新课题时应该"尽可能地不以学者的眼光来看待它"（*DE*，MW9：161）。我也希望本书不仅仅是一本关于杜威哲学核心思想的教科书。杜威坚持认为，"思考往往在遇到不确定的、可疑的或有问题的事物时产生"（*DE*，MW9：155），因而我试图使读者同我一起进行哲学的思考。也就是说，我尽力将杜威的思想放到它们致力于回答的种种哲学问题的背景之中。研读哲学需要时间和精力，我希望本书的读者能经受起这一检验。我想，在读完本书之后，读者们将不但理解杜威的哲学，而且将领略到哲学本身的魅力。

1 导论

约翰·杜威是谁?

尽管有争议,约翰·杜威仍然可以被认为是最伟大的美国哲学家。说杜威是一位美国哲学家并不仅仅是在陈述一个地理上的事实,杜威的哲学确实具有一些鲜明的"美国性"。在其有生之年,杜威被尊为"美国民主主义的哲学家"。在他去世前,历史学家亨利·科马格作出了如下的评价:

> 杜威如此忠实于自己的哲学信念,因而他成为了美国人民的领路人、导师和良心。可以毫不夸张地说,整整一代人都是因杜威而得以启蒙的。[1]

在杜威去世的时刻，他以前的学生和亲密的朋友悉尼·胡克这样来描述杜威：

> 他身后没有留下纪念碑，没有留下王国，也没有留下物质财富或基金。然而他的遗产却是巨大的、不可估量的。因为他的存在，数百万美国儿童的生活才更加丰富、更加幸福。而对每一个成年人来说，他则提供了一种经过深思熟虑的、合理的生活信仰。②

上述赞美之词的存在并不表明杜威是一个没有争议的人物。可以想到，并不是每一个人都怀有胡克与科马格那样对杜威的热情。批评家们认为，在杜威的哲学中存在着对科学技术的危险的沉迷以及对绝对民主的激进幻想。一位批评家认为：

> 杜威的哲学……试图摧毁所有的哲学。杜威使美国丧失了前途，并极大地削弱了美国在国内外的领导潜能。③

虽然杜威生前在美国知识界与政界都占据着核心地位，但令人吃惊的是，今天在学术圈之外已经很少有人知道他了。正因为杜威的思想至今仍然对美国生活产生着重大影响，他现在的湮没无闻才是可悲的。因而，在此我们有必要先为杜威作一个小传。④

约翰·杜威于 1859 年 10 月 20 日生于佛蒙特州柏林顿镇的一个杂货商家庭。童年的杜威是一个羞涩的孩子，与他善于交际的兄长戴维斯一起生活。虽然兄弟俩都不喜欢学校，但他们都酷爱读书和思考。他们通过派送报纸来赚钱买书。在读书之余，兄弟二人经常到坎普兰湖和格林山脉去探险，勇于探索的精神使他们充满活力。他们通常都在那里露营和垂钓。杜威思想中特有的对自然的强烈敬畏感想必也源自他们早年的这些经历。

杜威于 1875 年考入佛蒙特大学，那时他即将度过 16 岁生日。这所大学开的都是传统课程，学生们要修希腊语、拉丁语、数学、历史以及自然科学。虽然哲学课直到最后一个学年才开，但为大三学生所开的 T. H. 赫胥黎的"生理学的要素"这门课程引发了杜威"对哲学的极大兴趣"（LW5：148）。从赫氏的书中，杜威了解了自然的全景，它强调生物界的有机统一性、有机体与环境之间的共生关系以及生命的延续性。与杜威所接受的强调"自我与世界的分离、心灵与肉体的分离、自然与上帝的分离"（LW5：135）的宗教背景相反，赫胥黎的观点体现了人类智力解放的可能性。杜威这样来描写他与赫氏生理学的相遇：

> ……那些研究形成了一个相互依赖、相互关联的统一体，它使得以往不健全的智力结构得以成型，同时还创建了一种万物生长的类型或模式……赫胥黎的研究不但展示了人类有机体的图景，而且引导我向往

与这种图景有相同特征的世界和生命。（LW5：147－148）

于是，杜威转向了哲学研究，希望能够发现赫胥黎所展示的世界图景及人类在自然界中的位置。我们很快就会发现，杜威的这一希望因他自己的哲学而得到了实现：生物学的术语和分类——环境、有机体、互动、延续性——以及对超自然主义和二元论的强烈拒斥在杜威的思想中俯拾皆是。

当杜威首次接触到经院哲学时，这一学科在美国仍然和神学有着密切的联系，大多数的哲学导师都是教士，因而直觉主义在这里占据了哲学中的统治地位。这一学派认为，逻辑学、形而上学与伦理学的基本信条都可以被人类的"直觉"所把握，而与感官经验无关。显而易见，这一原则必将导致世界观上的二元论。那些可被直觉所把握的原则不同于必须通过感官证实的原则，因而这两类原则所涉及的对象也不同。直觉主义保留了许多典型的哲学二元论的特征，这是杜威所要竭力回避的。在直觉主义者看来，心灵与肉体、经验与直观、事实与价值以及理性和科学都是二分的。

直觉主义与教士的亲近是不足为奇的。这不仅因为西方宗教都蔚成于不同类型的二元论这一事实，而且因为直觉主义者们将涉及上帝和心灵的神学教义都归纳到人类直觉所把握的自明性的真理之中。于是，这些教义便无可质疑，游离于经验主义所培育的科学怀疑主义的探究领域之外。而在后者看来，所有的知识都是通过感官经验得来的。在提到赫胥黎所提供的丰富的统一图景时，杜威也回忆了自己"对直觉论术语的学习"，但他认为"这种学习并不深入，而且绝没有满足自己朦胧的追求"（LW5：149）。

毕业之后，杜威在宾夕法尼亚州南石油城的一所高中谋得了一个教职。他在那里呆了两年，讲授拉丁文、代数和科学，月薪为40美元。虽然杜威没有受过正规的教学训练，但他大学阶段所学的课程为他从事教学作了良好的准备。在石油城的日子里，杜威如饥似渴地读着哲学著作。他对生理学的兴趣使他关注着围绕进化论的哲学内涵所展开的辩论，甚至是有关形而上学的辩论。⑤

在1881年下学期即将结束的时候，杜威写了一篇名为《唯物论的形而上学假设》的论文（EW1）。他将该论文投给了《思辨哲学杂志》的编辑 W. T. 哈里斯，并附信要求哈里斯对作者的哲学天赋作出实事求是的评价。⑥杜威于1881年6月返回柏林顿，在湖光神学学会（Lake View Seminary Academy）短期任职，并等待哈里斯的回音。在重归柏林顿的日子里，杜威与他大学时的哲学老师 H. A. P. 托里重新建立了联系。在托里的指导下，杜威学习了古典哲学及德语。在托里的鼓励以及哈里斯回信的褒奖下——后者促成了杜威论文的发表⑦——杜威决定以哲学为职业。1882年9月，他成为了约翰·霍普金斯大学哲学系的研究生。

在霍普金斯大学，杜威深受乔治·S. 默里斯教授的影响，后者来自密歇根大学，在霍普金斯大学哲学系做访问教授。默里斯向杜威介绍了德国哲学家 W. F. 黑格尔（1770—1831 年）的绝对唯心论。在黑格尔看来，哲学上的二元论在即将到来的更大的统一中只是短暂的一个环节。那种被黑格尔称为"精神"的广泛的统一，是在历史中实现的。因此，黑格尔的哲学完全是反二元论的，他从精神的发展中来理解生命、观念与自然。

黑格尔的哲学体系强调综合与延续性，因而与杜威在佛蒙特大学所学的直觉主义形成了鲜明的对比。在黑格尔的哲学中，杜威发现了他从大学时代以来一直"朦胧向往"的东西。是黑格尔使得杜威因先前的教育导致的"内伤"得以愈合，绝对唯心论满足了杜威对延续性之哲学表述的"强烈的感情追求"（LW5：153）。虽然杜威最终放弃了黑格尔主义的深奥术语与唯心主义的形而上学，并建立了自己的"经验自然主义"（*EN*，LW1：10）或"实验主义"，但与黑格尔的神交在他的思想中还是"留下了永久的印迹"（LW5：154）。

1884 年，杜威以一篇名为《康德的心理学》的论文获得了哲学博士学位。[⑧]他受默里斯之邀，来到位于安阿伯（Ann Arbor）的密歇根大学哲学系任助教。在密歇根大学，杜威讲授了伦理学、哲学史、逻辑学和心理学。在此期间，他发表了多篇文章，并出版了第一本著作。1887 年，杜威的《心理学》（EW2）一书出版。在这部著作中杜威试图表明，科学心理学的发现证实了黑格尔的唯心主义形而上学。虽然该书受到了尖锐的批评，但它使杜威赢得了学术界的重视。杜威的第二本书于次年出版，这是一本研究莱布尼茨哲学的著作。⑨

由于他的著作带来的影响，杜威于 1888 年应邀到明尼苏达大学任精神哲学与道德哲学教授。他于该年秋天来到明尼苏达，但只在那里作了短暂的停留。1889 年，他重返安阿伯以接任哲学系教授职位，该职位在 1888 年默里斯死后一直空缺。⑩杜威来密歇根之后，最紧迫的任务就是雇佣一名哲学助教。他选择了詹姆斯·海顿·塔夫茨，后者与杜威合写了一本影响较大的伦理学教科书，并成为一名有名的哲学家。⑪

在密歇根居住的第二个时期，杜威的思想坚决地脱离了黑格尔主义。这一转变源自杜威对威廉·詹姆士出版于 1890 年的《心理学原理》这部经典著作的研读。与杜威一样，詹姆士也拒绝接受传统哲学的二元论范畴。然而，与杜威不同的是，詹姆士并不求助于黑格尔的唯心主义形而上学。相反，他通过蕴涵在进化生物学中的功能主义来解释延续性。在 1891 年的研究生班上，杜威使用了詹姆士的课本。在杜威看来，《心理学原理》一书为他的思想导引出"新的方向和品性"（LW5：157）。杜威发表于 19 世纪 90 年代前期的著作无不受到詹姆士的影响。⑫

在塔夫茨（此人于 1893 年离开密歇根来到芝加哥）的推荐下，杜威于 1894 年应邀到芝加哥大学担任首席哲学教授。在芝加哥的十年意义重大，它是杜威思想发展的关键阶段。在这一时期，杜威自己的哲学思想开始形成。在芝加哥，杜威关注的领域进一步扩大。他就以前没有充分探讨过的许多领域，如逻辑学、社会哲学、认识论都发表了重要的论文。在芝加哥仅两年，杜威就已经在哲学系组织了一支稳定的、有影响的研究队伍。[13] 1903 年，芝加哥大学哲学系出版了一本名为《逻辑理论研究》（以下简称《研究》）的论文集。[14] 虽然《研究》一书反映了作者们哲学兴趣上的多样性，但它同时体现了不同哲学观点之间的和谐发展。在 1904 年为《研究》一书所作的书评中，威廉·詹姆士写道：

> 约翰·杜威教授，以及至少十名他的弟子，共同发表了一种世界观的声明……它如此简单、如此厚重、如此积极……足以被冠之为新哲学体系。[15]

《逻辑理论研究》一书的作者们以"芝加哥学派"或"芝加哥实用主义者"[16]闻名，而杜威则无可争议地成为他们的领袖。

同样是在芝加哥大学任职的时期，杜威开始对教育理论产生了兴趣。芝加哥大学哲学系承担了全校的教育学课程，杜威抓住这个机会来检验他的心理学与哲学观点。1895 年，杜威获得许可以及必要的资金来开办一所由芝加哥大学哲学系主持的小学。这所兴盛了八年的学校被称为

"大学附小"，后来又被称为"实验学校"，而它广为人知的名称是"杜威学校"。⑰创办实验学校的经历帮助杜威发展了内涵广泛的教育哲学，这使得他名声大震。杜威早期对教育哲学的"突袭"导致了几篇论教育的小文章的发表，以及两本至今仍被视为经典的小册子的出版。这两本小册子是《学校与社会》（MW1）和《儿童与课程》（MW2）。

在芝加哥的数年中，杜威转向了社会行动主义的研究。来到芝加哥后不久，他即与简·亚当斯及其社会组织——赫尔社区（Hull House）建立了联系。杜威成为赫尔社区的第一届理事，他举办讲座并就当前的重要社会问题组织群体讨论。在赫尔社区的经历对杜威的思想产生了持久的影响。他接受了这样一种立场，即哲学家必须持续关注各种社会问题，哲学在本质上是一种社会批评。

因为在管理实验学校的问题上与大学当局存在分歧，杜威于1904年离开了芝加哥。1905年2月，他来到了位于纽约市的哥伦比亚大学哲学与心理学系。在哥伦比亚大学，杜威继续他在芝加哥就已经开始的广泛的哲学研究，发表了一系列的著作和文章。这些著作和文章今天已被列入20世纪最重要的哲学著作中。通过与哥伦比亚大学师范学院的联系，杜威继续研究教育理论。这项研究的成果是1911年出版的，产生了广泛影响的《我们如何思维》（MW6）一书，以及1916年出版的教育哲学的经典之作《民主主义与教育》（MW9）。⑱杜威很快就被视为教育"进步运动"的领袖，而且至今仍被奉为重要的教育理论家。

到 1930 年离开教职时为止，杜威的著述之丰已经达到了令人吃惊的程度。他于 1919 年和 1920 年分别到日本和中国讲学，并在 1929 年主持了爱丁堡大学的基佛德讲座，讲座的内容作为他主要的认识论著作出版，书名为《确定性的探求》（LW4）。⑲他受邀在美国的演讲后来作为主要著作出版，包括《人性与人的行为》（1922；MW14）、《经验与自然》（1925；LW1）以及《公众及其问题》（1926；LW2）。

然而，杜威的活动并不局限在学术范围内。1924 年，他应土耳其政府的要求，到该国评估教育系统。他作了一份综合报告，提出了一些建议并被采纳。1928 年，他因同样的原因应邀出访苏联。⑳此外，杜威协助建立了美国大学教授协会和全国有色人种发展协会。他还协助组建了美国公民自由联盟，参加了妇女参政斗争，领导了对抗非法战争的运动并成为政治行动主义组织的领袖。㉑

杜威的退休并不意味着他从哲学和政治领域的退出。作为哥伦比亚大学驻校荣誉教授（Professor Emeritus in Residence），杜威在这里写出了他最重要的哲学著作。1931 年，他主持了哈佛大学首届威廉·詹姆士讲座，后来作为他在美学方面的研究成果出版，即《作为经验的艺术》（1934；LW10）。1934 年，杜威主持了耶鲁大学特里基金讲座，并出版了《一种共同信仰》（LW9）这部颇受争议的宗教哲学著作。他的两本重要的政治哲学著作出版于 20 世纪 30 年代，书名是《自由主义与社会行动》（1935；LW11）及《自由与文化》（1938；LW13）。1938 年，杜威综合逻辑理论和科学方法论的巨著《逻辑：探究的理论》（LW12）一书出版。

在政治态度上，杜威致力于推进民主进程。他呼吁组建第三政党，为经济萧条时期的美国人民代言。[22]他撰写了数百篇论文，发表广播演讲，并在全国范围内向政治组织发表演说。

杜威的政治态度还体现在 1937 年他 78 岁高龄的时候：他来到墨西哥城主持调查委员会关于莫斯科当局审判托洛茨基的听证会。虽然杜威对托洛茨基的意识形态持不同的观点，但他主张苏联流放托氏的决定应该经过公正的审判后做出。杜威参与调查的决定受到了来自美国共产党媒介的尖锐的批判。该党是斯大林政权坚定的支持者。当斯大林试图在 1936 年与 1937 年对托洛茨基和他的儿子进行一系列缺席的政治审判时，"杜威委员会"却发现托氏父子并不像斯大林宣称的那样犯有叛国罪和谋杀罪。[23]历史证明了"杜威委员会"的发现是正确的。

1940 年，杜威再次参与了捍卫自由社会原则的政治辩论。当年 2 月，纽约城市大学邀请了有争议的英国著名哲学家伯特兰·罗素来主持哲学系的一个重要的教席。罗素因其无神论以及在性爱和婚姻上的非传统观点而受到攻击。对罗素的聘用招致许多宗教社团的猛烈抗议，其中以威廉·马宁主教在《纽约时报》发表的煽动信为最。由于反对情绪高涨，大学承受着解聘罗素的压力。虽然杜威与罗素说不上是哲学上的同盟者，但他还是参与了文化自由委员会（杜威在 1939 年协助创办的一个公民自由组织）为罗素的辩护。杜威认为，罗素的反对者们并没有权利使他保持沉默，相反，批评家们应在公开的论坛上来讨论罗素的观点。㉔

可悲的是，这一事件于 1940 年成为纽约最高法院的诉案，并以解除罗素在城市大学的教职为结果。关于这件事，杜威在一封私人信中写道："如果马宁主教有权调查谁可否在美国的大学执教的话，我感到高兴的是，我已去日无多了。"㉕结果，杜威比他预计的要长寿。1949 年，当他 90 岁的时候，他与阿瑟·本特雷合写了最后一本哲学著作《求知与已知》（LW16）。

1952 年 6 月 1 日，杜威因肺炎在纽约去世。在去世前的日子里，他还经常发表论文、撰写随笔和书评以及参加政治活动。虽然我们今天通常将学院化的思考——尤其是哲学家的思考——看作是对现实世界的袖手旁观，但上述事实表明，对这一普遍的、经常被认为理所当然的看法来说，至少有一个反例存在。杜威的一生不是在书斋中独思的一生，而是不断探索、不断行动的一生。

实用主义概览

杜威的思想通常是与名为"实用主义"的哲学运动相联系的。㉖作为唯一的美国本土的哲学运动，实用主义仍然是 20 世纪哲学最有争议的产物之一。虽然对实用主义的详

细考察超出了本书的研究范围，但介绍一下它的起源和一些基本原则还是有必要的。㉗

据实用主义运动的发起者查尔斯·S. 皮尔士（1839—1914 年）说，"实用主义"这一哲学概念是他于 19 世纪 70 年代早期，在马萨诸塞州坎布里奇的一个名为形而上学俱乐部的非正式哲学组织的聚会上提出的。㉘在参加形而上学俱乐部讨论的过程中，皮尔士撰写了《信仰的整合》（以下简称为《整合》）和《如何使我们的观念清晰》（以下简称为《观念》）两篇论文。今天，这两篇文章被认为是实用主义诞生的标志。两文分别于 1877 年和 1878 年在《大众科学月刊》上发表。

皮尔士的《整合》与《观念》两篇文章今天被视为较重要的哲学论文，但在发表的时候却没有引起足够的注意。直到威廉·詹姆士（1824—1910 年）1898 年在一次名为《哲学概念与实践结果》的演讲中使用了皮尔士的概念之后，实用主义才得以崭露头角。在这次演讲中，詹姆士称皮尔士为实用主义原则的创立者，但他强调，皮氏的表述过于狭隘。在 1906 年进行的一系列演讲中，詹姆士完整表述了自己对实用主义范畴的拓展。这些演讲词于 1907 年结集出版，书名为《实用主义：为一些旧的思维方式重新命名》。直到此时，实用主义运动才得到了稳步发展，并在英国、法国和意大利拥有了一些追随者。㉙

虽然皮尔士的著作没有引起哲学界足够的关注，但詹姆士的实用主义观点还是激起了广泛的争论。实用主义招来了许多思想家的猛烈批评、反对和拒斥，这其中包括两位著名的英国哲学家——G. E. 穆尔和伯特兰·罗素。许多批评者认为，詹姆士的哲学是对庸俗的美国商业主义的赤裸裸的证明。[30]

虽然围绕詹姆士对实用主义的表述所展开的争论使得皮尔士和杜威都放弃了这一术语，[31]但在今天这三位思想家经常被放在一起来讨论，而且詹姆士的《实用主义》一书仍然被视为是对实用主义哲学的权威表述。不同形式的实用主义在杜威时代仍然有较大的影响，但是到了 20 世纪 50 年代，当"哲学分析"这一流派崛起的时候，实用主义便迅速衰落下去。然而，20 世纪 80 年代以来，在美国哲学家中，一种"新实用主义"得到了稳步发展。实用主义在当代的代表人物如希拉里·普特南、理查德·罗蒂以及柯耐尔·魏斯特等，将原始实用主义的观点放到了当代哲学论战的背景中。[32]与他们的哲学前辈不同的是，新实用主义者们都通过批评来写作。[33]但是，查尔斯·S. 皮尔士、威廉·詹姆士和杜威的观点再次被置于哲学探讨和辩论的中心。

通常，思想运动都包含了一些伟大的创意，但要找到实用主义者们共同讨论的哲学主题则是困难的。然而，我们还是愿意归纳出能代表实用主义者观点的一些趋向和动机。这些趋向将在以下对杜威的讨论中得到证明。

1. **不满足于传统哲学**。实用主义是一种与传统哲学截然不同的研究哲学的方式。实用主义者们认为，传统哲学的种种术语或问题都是过时的，或者是可被滥用的。皮尔士在 1904 年给詹姆士的一封信中写道:"实用主义不解决实际问题。它仅仅表明:假设的问题并不等于实际的问题。"于是,实用主义便提供了一个新的哲学概念,一种新的哲学术语,以及一系列新的哲学问题。

2. **对行动的强调**。实用主义者们努力发展一种关注行动的新哲学。虽然传统哲学推崇孤立的思考,但实用主义强调的是人类的行为。

3. **反理智主义**。一般说来,实用主义对行动的强调表示了一种我们称之为"反理智主义"的态度。也就是说,实用主义者们对任何只具有"理智"内涵的哲学理论或哲学概念都表示怀疑。在实用主义者们看来,概念或理论的重要性存在于人们日常行为的内涵之中。因此,实用主义者们坚持哲学必须完成某事,必须说出世界的普遍内涵。

4. **试图使哲学更加科学化**。传统哲学家们认为,他们的部分工作就是为自然科学提供理论基础,在此意义上,科学服从于哲学家们提出的要求。相反,实用主义者们拒绝这一方案。他们试图使哲学更好地与科学保持一致,强调要用科学调查所采用的方法来评估哲学。

5. **促进科学与价值的协调**。实用主义者们认为,科学上取得的成就带来了一个价值上的问题,即人类的价值能够在现代科学这个冷酷的、无目的的宇宙中找到自己的位置吗?实用主义者们试图将传统的价值观和传统的科学观重新整合为一套协调一致的术语系统。

本书的研究计划

虽然本书的每一章节中探讨的是杜威哲学中不同方面的问题，但离开了前面的章节，后面的章节就无法得到较好的理解。像杜威的哲学一样，本书的研究表现出了某种系统性，杜威试图改造哲学这一一般性的主题将在全书中逐步展开。于是，前面的章节为后面的讨论提供了基础，后面的讨论为前面的观点提供了启示。我力图在全书的主体部分体现这种联系。因为我将用较小的篇幅来涵盖哲学的许多基本问题，所以在此最好能对下面的工作先提供一个一般的提纲。

我首先将考察杜威的激进的哲学概念。杜威是少数重视"元哲学"（即涉及哲学自身性质的种种哲学问题）的哲学家之一。他通过对元哲学的研究而对传统哲学提出一系列有力的批评，同时也提出了纠正、修改和改造传统哲学的一系列计划。由于杜威的哲学试图重新发现真正的哲学事业，所以元哲学的背景才是必要的。

杜威所有思想的一个基本范畴就是经验。杜威的经验理论成为第三章探讨的对象。对杜威的经验概念的恰当探讨要求事先作一些铺垫，因而我相信读者将不会反对我对哲学史所作的简短介绍。虽然杜威是一个经验主义者，但他反对与17、18世纪的英国经验论学派相联系的经验概念。这种经验理论在约翰·洛克的著作中得到了最好的表述，但也带来了一系列认识论上的困难，最终引起了大卫·休谟（1711—1776 年）的质疑。杜威关于经验的达尔文主义的观点服从于他关于哲学自身必须与科学结盟的元哲学原则。

杜威所提出的激进的经验论，反映了他对传统认识论的拒斥及他的积极的知识观。在第四章中，我将探讨杜威对他称之为"知识的旁观者理论"的拒斥。改造后的认识论通过实验性的认知理论来取代旁观者理论。根据这一实验论，认知是一种"探究"，是某种特定的行为方式。

在第五章中，我阐述了杜威改造后的经验概念与认知概念如何启发了他的社会视界。本书最后所简要探讨的是杜威哲学对我们的生活方式的重要意义。

注　释：

① 科马格：《美国精神》（纽黑文：耶鲁大学出版社，1995 年版），第 100 页。

② 胡克：《关于杜威的一些回忆》，再版于他的《实用主义与生命的悲剧意识》一书（纽约：贝希克出版公司，1974 年版），第 101 页。

③ 保罗·K. 克鲁瑟：《约翰·杜威的虚无主义》（纽约：哲学图书出版公司，1955 年版），第 ix 页。

④ 以下的资料主要来自杜威本人简要的自传体随笔《从绝对主义到实验主义》（LW5：147－160），《约翰·杜威传》（见《约翰·杜威的哲学》，施尔普编，伊利诺斯：公开法庭出版社，1989 年版），以及迪克惠岑的《约翰·杜威的生活与思想》一

書（伊利诺斯：南伊利诺斯大学出版社，1973 年版）。

⑤ 形而上学是研究实在的基本要素问题的哲学领域。

⑥ 杜威的信由迪克惠岑重新编过，参见上书，第 23 页。

⑦ 《唯物论的形而上学假设》一文发表于 1882 年 6 月的《思辨哲
学杂志》，杜威的第二篇论文《斯宾诺莎的泛神论》发表于同
年 7 月的该杂志上。

⑧ 该论文从未发表且已遗失。人们相信，写于 1884 年的《康德与
哲学方法》（EW1）一文反映了杜威博士论文中的主要观点。

⑨ 该书的书名为《莱布尼茨的〈人类理解新论〉》（MW5），1932
年出了修订版（LW7）。

⑩ 参见杜威的回忆文章《晚年的默里斯教授》（EW3）。默里斯教
授的去世对杜威的影响甚大。

⑪ 杜威与塔夫茨合写的《伦理学》一书于 1908 年出版（MW5），
于 1932 年再版（LW7）。

⑫ 参见杜威写于 1894 年的论文《情感论》（EW4）。

⑬ 除了塔夫茨外，该系的成员还有乔治·H. 米德，后者的社会心
理学著作至今仍倍受推崇。

⑭ 杜威发表于该论文集的文章可在其《中期著作集》第 2 卷中
找到。

⑮ 参见威廉·詹姆士《芝加哥学派》一文，后收入其《哲学随笔
集》一书（坎布里奇：哈佛大学出版社，1978 年版），第
102 页。

⑯ 我们将在本章的第二部分来讨论实用主义。

⑰ 参见梅休与爱德华兹为杜威学校校史而写的《杜威学校》一书
（纽约：D. 阿普勒顿世纪出版社，1936 年版）。

⑱ 《我们如何思维》一书的修订版于 1933 年面世（LW8）。

⑲　他在日本的演讲于 1920 年出版，书名为《哲学的改造》
（MW12）。他写了许多有关中国的随笔，都收编入《中期著作
集》第 11 卷中。

⑳　杜威关于土耳其教育系统的报告收入《中期著作集》第 15 卷
中。他关于苏联教育的报告被编入《晚期著作集》第 3 卷。

㉑　罗伯特·威斯特布鲁克的《约翰·杜威与美国民主》（伊塞卡，
纽约：康奈尔大学出版社，1991 年版）及爱伦·莱安的《约
翰·杜威与美国自由主义的高潮》（纽约：W. W. 诺顿出版社，
1995 年版）两书较好地探究了杜威的政治活动。

㉒　涉及这些事实的一些论文、随笔和演讲被编入《晚期著作集》
第 6 卷。

㉓　有关该委员会发现的完整报告出版时的书名为《无罪!》（纽
约：摩纳德出版社，1938 年版）。

㉔　参见杜威《晚期著作集》第 14 卷的《伯特兰·罗素案》一文，
也可参见杜威和卡伦编《伯特兰·罗素案》一书（纽约：维京
出版社，1941 年版）。

㉕　该书由迪克惠岑重新编辑出版，参见上书，第 306 页。

㉖　根据威廉·詹姆士的说法，“实用主义”一词来源于希腊语
“pragma”，意思是“行动”。参见詹姆士：《实用主义》（马萨
诸塞：哈佛大学出版社，1975 年版），第 28 页。

㉗　H. S. 萨耶的《意义与行为》（印地安那波利斯：哈克特出版社，
1981 年版）是对古典实用主义作出批判研究的最好的著作。也
可参见约翰·P. 莫菲的《实用主义：从皮尔士到戴维森》（科
罗拉多：韦斯特维尤出版社，1990 年版）及 H. O. 芒斯的《两
种实用主义：从皮尔士到罗蒂》（纽约：劳特利奇出版社，1997
年版）。

㉘ 关于皮尔士论述实用主义起源的文字，参见《查尔斯·S. 皮尔士文集》第 5 卷，第 11—13 自然段（坎布里奇：哈佛大学出版社，8 卷本，1931—1958 年）。

㉙ 参见萨耶：《意义与行为》，第四部分。

㉚ 关于这些批评，可以参见杜威：《美国实用主义》一文（MW13）。

㉛ 1905 年，皮尔士重新将自己的哲学命名为"实用主义"，他希望这一名称"足够丑陋，以避免被盗用"（参见上书，第 414 段）。杜威对詹姆士《实用主义》一书的批评名为《实用主义在实践中的意义是什么》，它收录在杜威《中期著作集》第 4 卷中，同时可参见赫斯特与塔利斯主编的《杜威的实验逻辑论文》一书（卡本德尔：南伊利诺斯大学出版社，1999 年版）。

㉜ 参见普特南：《实用主义》（纽约：布莱克维尔出版社，1995 年版）、罗蒂：《哲学与自然之镜》（新泽西：普林斯顿大学出版社，1979 年版）、魏斯特：《哲学在美国的逃逸》（威斯康辛：威斯康辛大学出版社，1989 年版）。

㉝ 当前的主要论战在默里斯·迪克斯坦主编的《实用主义的复兴》这本论文集中得以体现（达拉谟：杜克大学出版社，1998 年版）。也可参见沙特坎普编《罗蒂与实用主义》一书（田纳西：王德比尔特大学出版社，1995 年版）。

2　改造哲学

在开始研究约翰·杜威的思想之前，我必须就以下我将采用的分析策略作一个说明。在以下的文字中，我们不仅将谈论哲学，还将进行哲学的思考。威廉·詹姆士说过，哲学就是"不同的视界"，是"感受整个生活的推动、观察整个生活之流的不同方式。"①因此，仅对杜威的观点作教科书式的描述是不够的。如果我们要把握住杜威的视界——他理解"生活之流"的独特方式——我们就必须努力面对催生这些观念的问题，我们必须进入哲学。因此，我们有必要在本章的开始来探讨哲学自身。

在上一章的结尾处我们发现，实用主义者们对传统的哲学研究方式持批评态度，希望建构一种新哲学。在这个意义上，杜威是一个典型的实用主义者，他的目标是改造哲学。哲学改造这一概念贯穿了杜威的整个工作，因而成为理解他的哲学的必要因素。那么改造哲学意味着什么呢？

杜威认为，哲学自身需要重新确立关注点；哲学家们有必要将哲学是什么这一问题纳入哲学探讨的范围内，他们必须质疑哲学事业本身！杜威不是简单地解散传统哲学，而是在对哲学作出哲学的批判。他用自己设计的论证表明，必须放弃传统的哲学问题并提出新的问题。

杜威对哲学传统进行批判的核心是"元哲学"（metaphilosophy），即涉及哲学的性质、起源和对象的理论。[②]以下我们将首先考察杜威关于哲学如何产生的观点，随后返回到他对传统的批评，最后探讨他改造哲学的基本策略。

哲学的源泉

问题：或然性世界中的生命

> 人们发现自己生活在一个或然性世界之中。从坏处说，他的存在包含着一场赌博。世界是一个冒险场，它是不确定的，不稳定的……（*EN*，LW1：43）

当我坐在写字台前将这些文字输入电脑的时候，窗外街道上的汽车喇叭声，已经盖过了聚集在电话线上和附近树上小鸟的吱喳声。这些鸟鸣声对屋内音响放出的轻音乐来说，是一种奇怪的补充。这是一个温暖而晴朗的日子，窗子开着，清风从户外吹入，掀动了我放在桌上的笔记。当我重新整理散开的书页时，我注意到阳光耀眼地射入窗内。如果阳光过于强烈的话，我将不得不拉上窗帘。然而，如果我拉上窗帘，清风就会被挡在户外。这样，我也许将不得不使用空调以使室内保持合适的温度，因为如果室内过热的话，电脑就会发生故障，我也将被迫停止工作。

在我看来，我的写作发生在不同的自然要素和技术要素形成的奇怪的组合之中。汽车、鸟群、电话线、树木、电脑、音乐、太阳和我都被包含在一个共同的环境之中。我的行为——写作——必须与其他要素相协调，否则就会受到干扰。但何以见得杜威所说的风险和不确定性就是世界的特性呢？

我们不时打断自己日常行为的流程而注意到环境——我们赖以开展行动的一系列条件。我们一般根本不会想到自己的行为是在特定的背景中产生的，我们仅仅行动，我们在做事。我们忽略了世界与我们自身在本质上的相互联系。我们倾向于认为，在我们的"内在"自我和"外在"世界之间存在着不可克服的分裂，而行为充其量构成了这些彼此分离的领域之间的一个界面。但是，在杜威看来，我们在本质上不仅仅是内在于环境的动物，而且依赖于环境（*LI*，LW12：32）。我们的生存不仅仅在特定的条件下进行，我们即生活在这些条件之中；我们不仅仅将行为加诸世界之上，我们本身就是世界的成员。

因此，环境是一个基本的要素。人们可以说，我们在理论上能够离开环境来生活。即便如此，这种说法还是容易引起误导。"环境"这一术语意味着存在一种我们的生活所依赖的、外在的、静态的实体。这种说法可以促使我们忽略两个事实：（1）环境不是一种严格地外在于我们的实体，我们就是环境的一部分，我们生活在环境之中；（2）环境并不是静态的，它是过程性的、易变的、动态的。"环境"这一术语并不表示某种永恒的、独立的实体，毋宁说，它是对一系列相互联系的、活动着的力量和要素的一种描述，这些力量和要素构成了我们在一定的时间和地点生活于其中的条件。

我们并不习惯于以这种方式来思考我们自己与世界，因此让我们来进一步讨论这个问题。您现在正读着本书中的一个句子。阅读这一行为只在特定的环境条件下才能进行，例如，没有充足的光线和安静的氛围，阅读就是不可能的。让我们暂时停下阅读来环顾四周，您居身于何处？在环境中有哪些影响您阅读的力量在起作用？有可能在您和周围条件之间作出一种确定的、持久的区分吗？

我们通常认为自己生活在皮肤以下。事实果真如此吗？在您的皮肤以下有器官、骨骼、肌肉、血液与细胞，它们以不同的方式协作以维持您的生存。这些看来是内在的活动实际上与环境的不同要素之间存在着相互作用。例如，当我们呼吸的时候，我们便从环境中吸取空气。随后，呼吸系统便将氧气与其他气体分离开来，氧气被留在体内，其他气体则被排回到环境之中。人体的其他重要机能也存在着类似的情况。从严格的字面意义上来说，您在环境之中，环境也在您之中。您的皮肤并不是一道将您和环境分离开来的屏障。相反，您的皮肤，就像您身上的其他器官一样，都是环境的一种延续。您是一个有机体，也就是说，是一种过程，进行着持续的交换，与环境中的其他力量进行着某种交易。您绝不是世界中孤立的看客，而是世界中活的生物。③

您的生存依赖于您与环境中的其他要素之间的一种交易行为。例如，一旦环境不能提供充足的氧气，您的呼吸就会停止，您将会死去。幸运的是，空气是环境中相对稳定的因素，在未来的一段时期内，氧气的供应还是充足的。但是，环境是可变的，而人类在很多方面却是脆弱的。因为环境是一种由互动力量形成的动态组合，它们可能失去稳定。飓风、洪水、瘟疫、干旱、野外的火灾以及地震等都是环境可以威胁到人类安全的实例。在这些情况下，有机体必须借助于环境中的其他因素来克服困难，如用水来灭火及用抗生素来对付疾病。

我们无须用更大范围内的灾难作为例子，来显示环境可能失去稳定而给人类带来麻烦。不稳定性在更小的范围内同样存在。晒斑、霜冻和脱水是相似的危险。当人类的有机体与环境中特定要素之间的相互作用被损伤、妨碍或隔断时，这些症状就产生了。环境提出了人类无法抵御的挑战，结果是有机体受到伤害。如果这种伤害到达极致，有机体就会死亡。此外，我们当然还可以举出更小的例子。

微风拂过我的书桌，将我的笔记吹落到地上，因而给我带来了妨碍。为了复原，我试图恢复环境的秩序。阳光在我的电脑屏幕上产生了反光，使我看不清所打的文字。于是，我便拉下了窗帘。也就是说，我干涉了当前的条件，我运用环境来改变环境，在一定程度上，我改变了世界。

也许我们现在能够理解本章开始时所引的那段话了。生活中之所以包含着赌博，是因为它依赖于易变的环境。因为环境的不稳定性也是不确定的——不稳定性本身就是不稳定的，所以环境所带来的危险是"无规则的，不持续的，无法根据时期或季节作出判断"（*EN*，LW1：43）的。相反，环境本身偶尔倒是稳定的。世界不是完全无序的，并非转眼之间万事俱变。虽然从终极上说无物长驻，但环境中的一些要素在很大程度上还是规则的。如杜威所言，我们的结论是，世界既是不稳定的，又是稳定的，它具有易变和风险的特征。

于是，人们发现自己处于困境之中。虽然环境具有风险性和不安全性，但我们还是必须行动：

> 在每一时刻，活着的生命都面临着来自周围环境的危险。在每一时刻，它都必须从周围环境中获取一些东西来满足自身的需要。活的生命的事业和命运都依赖于它与环境之间的相互交换，这种交换关系不是外在的，而是亲密的。（*AE*，LW10：19）

环境呼唤行动，它要求得到回应。如果我们不行动或者行动不适当，我们将取得相反的结果，也许还会死亡。然而，我们自身所采取的任何行动也构成了未来的不确定性的潜在根源。在事前，我们无法保证所采取的行动将有效地回应环境。而且，在行动中人们又将变数引入了当前的环境之中，但这些变数是否能对人有利，则无法得到绝对的保证。某些行动将无法回应当前环境所提出的挑战，其他的一些行动也许能缓解当前的危机，但在未来又可能生产更大的危机。行动虽然是必要的，但也是有风险的。

这些与哲学有什么关系呢？人们通常认为哲学是一种冷静的、孤立的思考。但杜威持不同的观点：

> 正是稳定性与不确定性所构成的无法分离的混合体这一困境导致了哲学的产生，它反映在所有循环再现的问题和事件中。（*EN*, LW1：46）

杜威坚持认为，哲学产生于一种回应，一种对生命在或然性世界中这一处境的回应。这是一个大胆的主张。为了认识它的正确性，我们将要给出更多杜威的理由。

回应：逃离险境

长期处于不稳定状态的事实启发着生物，如果想要生存，就必须发展回应危险环境的技术。也就是说，生物必须尽力来控制它的生存环境。杜威认为，人类设计了两种基本策略以控制或然的世界。一般来说，这些策略一方面体现为祈祷与传统，另一方面体现为科学与技术。

最早的人类希望通过祈祷来控制环境。因为缺乏工具与其他保护方式和力量，他们便依靠环境的怜悯。他们设想周围的环境是由一些隐藏的力量和超自然的实体控制的，可以通过宗教仪式或献身于这些力量和实体来联系并影响它们。这一策略在我们的远祖那里表现为神话、仪式与迷信活动。对他们来说，环境的噩耗如谷物的颗粒无收、洪水与疾病等都是幽灵不高兴的表现。他们认为，通过宗教仪式，人们就能平息对神的冒犯并恢复生活的秩序。根据这一策略，安全是通过对某些超自然力量所采取的正确的感情与精神态度来获得的，这些力量主宰着世界并因此而控制着人类的命运。

经过一段时期以后，祈祷的方式变得系统化与社会化了。"传统结构建立了"，一种"感受生命的共同方式"产生了，准宗教的神话与仪式成为氏族、部落或国家的定义性的要素（*RP*，MW12：84）。这就是说，文化产生于与祈祷相联系的迷信活动与实践。文化的发展标志着习惯、风俗、公共机构、社会规范以及官方的行为准则的确立。一般而言，文化是以道德传统、我们在宇宙中的位置以及人类生命的意义和重要性为标志的。

这种祈祷的策略，这种依靠控制力量的恩惠的策略，最终是不可靠的。危险总要降临到最虔诚的心灵上，不管希望如何强烈，危险始终存在。而且，因为"继续生存的要求使得人们必须关注世界的现实状况"（*RP*，MW12：85），祈祷的方式就不能得到普遍的运用。于是，第二种处理生命的兴衰更替的策略就得到了发展，这一策略包括"通过行动来改变世界"，以"控制自然的力量"（*QC*，LW4：3）。对不友好的周围环境的直接面对，导致了与工具制造、农业和狩猎相联系的实践艺术的产生。通过作用于环境的行为，而不是对内在态度的改变，生物获得了控制的能力。这种改造的技术变得越复杂，控制的程度就越高。

伴随着控制能力的增强，人类的一些常识性的信念逐步积累起来：木材能够燃烧，锐物适宜于切削，火是热的，重物下落，野兽能被诱捕，某些植物是有害的等等。关于"自然的可观察的事实和秩序"，则"逐渐地形成了一类日常知识的概括"。然而，革新的技术"不仅提供了肯定事实的集合"，而且"培养了处理物质与工具的专业技能，促进了思维的实验特征的发展"（*RP*，MW12：85-86）。最后，科学与技术诞生了。

人类的历史与这两类前后相继的回应模式密切相关。科学模式催生了实践艺术和技术，后者反过来孕育了关于世界的事实性的知识系统。祈祷的模式导致了习俗、宗教和道德的文化传统的产生。既然科学思维相对来说是非系统的和孤立的，那么非科学的文化就能幸运地与之共存。然而，科学思维具有积累的效果。"当艺术与手艺不断发展并变得更加精细的时候，实在的、经过检验的知识也增长起来……"（*RP*，MW12：86）随着科学知识的增长，它与传统的信念和价值之间的冲突也日益尖锐了。

历史提供了许多事例以证明科学如何与传统的信念产生了直接的冲突。想一想 17 世纪伽利略的例子吧！在伽利略之前占统治地位的观点是：地球是不动的，它居于宇宙的中心，所有其他的天体都围绕它而运转。一系列的宗教和道德的原则都是围绕这一观点建立的。人们认为，因为地球占据了宇宙的中心位置，所以人类也就处于造物主关注的中心。伽利略能够表明，宇宙的地心说概念是不正确的，而支持宇宙的日心说模式的论据则是由哥白尼所提供的。这一天文学的进展降低了传统文化的地位。人们不再能够利用宇宙的结构来支持自身的重要性，地球也只是众多围绕太阳旋转的星体中的一个。我们知道，伽利略是由当时占统治地位的宗教文化机构逮捕和审判的。在当代，我们也可以发现一些科学与传统相互冲突的不甚极端的例子，它们涉及技术对人类生命进行干涉的争论，如安乐死、克隆、遗传工程和人工智能等。

人类逃离险境的努力产生了两种结果：传统与科学。因为这两类回应方式有着不同的起源，所以人类还必须处理一种新的困难，也即实现传统的习俗、道德与科学方法、科学知识及科学态度之间的和谐。杜威承认，"哲学起源于协调这两种不同的精神产物的企图"（*RP*，MW12：89）。因此杜威的基本哲学原理就是：

　　……哲学的不同职能、不同问题与不同对象产生于人类生活的压力与张力，它决定了哲学的形式……其具体的问题随着人类生活的改变而不同，人类的生活通常是连续的，但有时也会产生危机并形成人类历史的转折点。（*RP*，MW12：256）

　　古希腊哲学家柏拉图有一段名言：哲学起源于"惊异"。④而杜威则认为哲学产生于特定的社会条件，因而哲学并不是"从公开的、无偏见的起源中以无偏差的方式来发展的"，毋宁说，它"在一开始就要根除偏见"（*RP*，MW12：89）。哲学具有社会使命。

杜威对哲学传统的分析

哲学的兴起：寻求不变者

　　对科学与传统之冲突的最初反应，是引入一种能使产生冲突的要素相互分开的社会划分方式。那些从事与科学相关的艺术和工艺的人，被历史性地归入"普通的"工匠、手工业者和劳动者等社会阶层。相反，"贵族"或统治阶层则不参加生产性的活动，而是通过与世俗事务的隔绝来保持传统文化。

　　但是，这种反应并没有持续多久。当科学知识发展到一定程度时，上述冲突就不再能通过阶级划分的方式来维系了。鉴于科学方法在克服世界的风险问题上所取得的成就，传统的信念在日常经验的世界中已不再具有权威性。因此，无须再"发展一种合理考察的方法……来将传统信念的本质要素奠定在不可动摇的基础上"（*RP*，MW12：89）。

虽然传统信念依赖于习惯和风俗的力量而得以被保护，但现在则需要一种更为牢固的基础。因为这种基础不能在科学所掌握的自然界发现，那它就可以是超自然的、形而上学的，并因此而超出了科学考察的范围，"那些曾经依赖于风俗者将得到保留，但不再依赖于以往的习惯，而是依赖于存在的或宇宙论的形而上学"（*RP*，MW12：89）。

因此，哲学试图"在理性的基础上为已被接受的信念及传统习俗……提供精神辩护"。这一努力的最初措施是引入一种"能将两类存在领域区分开来的稳固的、基础性的方法"（*RP*，MW12：90-92）。因此，传统哲学是以我们称之为实在的"两个世界"理论为特征的。柏拉图的哲学是这一趋向的一个明显的例证。⑤柏拉图指出，我们在普通经验中所把握的时空世界是变动的和趋向衰亡的，因而是腐朽的，且最终是非理智的，因为我们所经验的世界处于一种变动的、常新的状态中，我们不可能获得关于它是什么的知识。于是，他便设计了一个非时空的领域——"理念世界"，这种世界不是因为经验对象，而是因为他称之为"形式"的抽象实体而闻名的。在柏拉图看来，形式是永恒的、理念性的、不变的和完美的，它们不为感官经验所把

握，而是由"理性"这一心灵的特殊能力来把握的。要获
得真正的知识，只有从物质存在和经验的世界中退却，通
过哲学——理性的训练——人们才能与形式相联系，并获
得真正的知识。

因此，柏拉图认为，与对世界的科学研究相联系的知
识是低级的。因为科学与变动不居的堕落世界相联系，他
的产物——信念、态度与方法——在认识论上要低于哲学
的反思。将科学纳入其中的早期的阶级划分便由哲学转换
为一种形而上学的二元论，即不同存在方式的对立。在柏
拉图看来，物质世界与形式的理念世界之间存在着本质的、
形而上学的对立。这一二元论进而引发了认识论上的二元
论，即不同的知识类型的对立。虽然感官经验将人们与物
理对象的幻象世界联系起来，从而无法产生真正的知识，
但理性这一精神的功能却能理解理念化的形式与真正的知
识对象。因而，经验与科学便被归入存在的附属领域，传
统的价值与习俗——由哲学所处理的"更高"的实在所代
表者——得以维系和保护。

通过引入二元论来维系传统的趋势并非柏拉图主义所
独有。许多不同类型的传统哲学都以这种或那种方式来运
用这一策略。我们在亚里士多德那里发现了形式与质料的
二元论，在奥古斯丁那里发现了上帝之城与人类之城的二
元论，在笛卡尔那里发现了心灵与肉体的二元论，在康德
那里则发现了现象界和本体的二元论。在上述每一个例子
中，二元论的第一项总是指向永恒不变的存在，它是真正

知识的源泉和对象，"只能通过哲学的系统原理所把握"。而剩下的一项总是表示"相对实在的日常经验世界"，"不完美的、日益腐朽的世界"，是科学所关注的对象（*RP*，MW12：92）。因此，"哲学的标志是"：

> 将它的对象分为真正的实在与仅仅是表面上的存在，主体与客体，物质与精神以及理念和现实，二者互不相干，并因某种神秘得足以产生不可解问题的模式而得以保留。（*QC*，LW4：95）

传统哲学认为自己在对真理作冷静的、毫不妥协的追求，因而要高于日常生活中的事件和科学实践。杜威就此写道：

> 哲学认为自己有责任展示超验的、绝对的或内在的实在之存在，同时向人们显示这一更高级的实在的本质和特性。因此，它认为自己是由超越于实证科学和普通实践经验的知识官能所把握的，具有较高的尊严……（*RP*，MW12：92）

因此，

> 那些不认同其他一切存在的哲学原理假定，它们与众不同的地方是对不变者与终极的追求，也就是说，

它们不考虑时间和空间的问题。（*RP*，MW12：260）

从历史上看，哲学将自身视为这样一种原理：因为它研究的是"更高一级"的实在，所以它便高于其他涉及日常生活与实践的原理。⑥

杜威对传统的批评

当然，杜威对哲学二元论之起源的分析并不等同于他对划分界限的哲学实践的反对。毋宁说，杜威反对的是将智力上的区分转换为固定的、永恒的二元论的实践。二元论一旦被引入，就产生了这样一个问题，即被分离的实体如何相互联系。以柏拉图为例——一旦关于物理世界和理念世界的二元论被引入，他就无法解决这两个世界如何相互联系的问题。正如亚里士多德所指出的，这个问题柏拉图永远无法给予有效的解决。⑦

杜威认为，传统哲学的二元论无法把握实在中固定不变的分裂，反而在特定的社会条件下产生了这种分裂。正因为如此，它们无法解决当前的困难。而且，由于传统的二元论导致了统一原来被分离的实在这一严格意义上的智力题的产生，那种坚持二元论的哲学便在哲学史上鼓励和促进了另一种不幸倾向的发展：超然、另一种世俗、与世界的疏远和自以为是。

因为在传统中，哲学家们一向以为自己关注的是只能在超验的、不变的领域存在的终极真理，所以他们脱离了现实世界。由于只注意假想的超验域，他们便放弃了普通的生活，并使哲学也与这种生活隔绝开来。哲学家们确信自己在独自追寻真理，他们结成了一个精英的思想家阶层以研究奇异的、不寻常的问题——更确切地说，这些问题是"谜"（*EN*，LW1：17）——从而与其他的知识分子隔离开来。

即使在今天，仍然存在这样一种观念，即哲学家所从事的与众不同的工作是提出特别的"问题"。从其代表性而言，这类问题完全脱离了日常生活。进一步说，哲学运用一些特别的、技术性的术语来提出一些奇异的问题。由于只有哲学家们知道这些术语及与之相关的问题，因此在学术圈之外的人不可能懂得哲学家们在干什么。难以回避的结论是，哲学是一种从我们必须生活的世界中逃离的方法。在概括比较流行的哲学对日常经验世界的态度时，杜威这样写道：

> 流行的信条建立在假想的从经验的困惑与不确定性中逃离的必要性这一基础之上。生活已被视为丑陋的、无希望的，除非它能够作出追求更高的实在的确定承诺。逃离的哲学也就是对经验世界的病症与苦难进行补偿的哲学。（LW5：268）[8]

然而，杜威坚持认为，哲学家们"这样来看待自身，并向公众宣称，即他们是在研究诸如存在、自然或宇宙，实在或真理之类的东西"（*RP*，MW12：260），事实上，也许他们没有注意到，"他们已经利用了存在于社会条件中的珍贵价值"（*RP*，MW12：94）。因为没有意识到这一点，所以哲学家们已经承担起了这样一种社会职能，也就是说，他们在保护与传统文化相联系的习俗免受科学研究的威胁。因为这类传统是前科学与反科学的原始神话、宗派与迷信的产物，因而人们不清楚它们为何在当前的事务中还能提出合法的权威性要求。

"哲学必须以良好的姿态，自己拯救自己"（MW10：38）。⑨也就是说，哲学必须使自己的方法、假设与原则等服从于宗教的分析与批评。这样一来，就可以揭示出"哲学以往所没有意识到，不懂得或不想做的事情，因而在私下里，哲学必须变得开放与审慎一些"。正如传统哲学产生于调和文化与科学的社会需要一样，"未来哲学的任务是澄清人类对于自身生活中的社会冲突与道德冲突的观念"。（*RP*，MW12：94）因此，哲学家们必须放弃对他们从传统中继承下来的"谜"的研究，转而关注与社会有关的问题。于是，改造后的哲学就成为社会批判的一种方式，社会革新的一种工具。⑩最一般地说，哲学必须"恢复"它的社会使命。杜威就此写道：

> 当哲学不再成为处理哲学家们的问题的工具，而是成为一种由哲学家们所酝酿的，处理人的问题的方法时，哲学就使自身得到了复原。（MW10：46）

由坚持哲学必须转而关注世界这一立场出发，杜威"为任何一种我们所接触的哲学的价值提供了一流的检验方式"：

> （通过检验）我们可否得出这样的结论：当它们关注日常生活经验及其矛盾时，它们使这些经验更重要，更为我们所明了，并使我们对这些经验的处理更有成效？或者它最终使得日常经验的事物比其以往更加模糊，剥夺了它们以往似乎还具有的在"实在"中的重要性？(*EN*, LW1：18)

像传统哲学一样，改造后的哲学必须承担起协调文化与科学的社会职能。然而，与传统哲学不同的是，改造后的哲学不再无意识地通过二元论来保护传统免受科学的侵蚀，而必须致力于科学与文化的统一。改造后的哲学必须努力将科学的方法运用到当代文化所包含的道德与社会问题中。

改造的一般策略

当然，仅仅指出哲学家们必须放弃其传统的某些方面，并转而关注当代社会中的问题这一点是不够的。传统思维类型的实践、态度与方法同样存在于当代哲学家们的实践中。因此，哲学所强调的原则就不应被直接拒斥，它们

"不仅是抽象的逻辑形式与范畴",而且是"习惯、倾向性以及有关厌恶与偏好的根深蒂固的态度"（MW4：14）。⑪从而，改造哲学的努力就必须从用遗传学的方法处理传统哲学开始。也就是说，必须要涉及传统问题的起源。人们必须阐明，只有当我们采纳了某种我们具有充分的理由加以拒绝的术语和前提时，传统的问题才会产生。正如杜威所指出的，"我们不是在解决"传统哲学的问题，"我们是在克服它们"（MW4：14）。

杜威的改造方法的核心是将达尔文主义运用到哲学中。杜威写道：

> 通过攻击绝对永恒的神话，通过以产生和灭亡来处理以往被视为不变的、完美的形式，《物种起源》一书引进了一种思维模式，这种模式最终必将改造知识的逻辑，因而也将改造对道德、政治和宗教问题的处理方式。（MW4：3）

达尔文相信，是过程而不是不变性构成了实在的基本特征。通过显示传统哲学追求不变性的徒劳，达尔文已经提出了改造的计划。在以下的章节中，我们将发现，在杜威看来，传统哲学的首要问题存在于前达尔文主义的世界观的概念体系之中。他的策略不是直接回答这些问题，而是向这些问题提出挑战，以显示它们作为问题已经过时并应被抛弃。正是在这个意义上，改造后的哲学"解开"了传统的种种谜团，"旧的种种问题通过消失与蒸发被解决了，与改变了的态度和偏好相适应的新问题则赢得了应有的位置"。（MW4：14）

改造后的哲学并不假装凌驾于自然科学之上，相反，哲学必须起源于科学。也就是说，改造后的哲学的任务是将科学调查的方法运用到社会问题之中，"它的目标是尽可能地变得人道一些，并成为处理社会冲突的工具"。（MW12：94）改造后的哲学是科学化的。

本章概要

我们生活在或然性的世界中。我们的生存依赖于控制周围环境的能力。人类已经发展起两类控制环境的策略，第一类策略以祈祷作为影响超自然的统治力量的方法，它导致了神话和宗教仪式的产生。这种方法标志着文化与道德的起源；第二类策略试图通过施加于环境的行动来控制环境。这一策略标志着科学的诞生。

科学方法的实践导致了关于世界的经验信仰的产生。当这类经验知识得以发展时，它便对文化所催生和固定下来的传统信念构成了挑战。哲学则试图调和这种冲突。因此，哲学不是对真理的中立追求，它是一定的时间和地点中的社会条件的产物。

传统哲学希望通过引入二元论来解决传统与科学的冲突。在这种二元论中，与占统治地位的文化相联系的价值和原则被提升为超越性的实在领域。相应地，科学方法及科学所研究的普通经验的世界则被降格为低级实在及具有较低形而上学地位的领域。传统哲学因此致力于使文化价值回避科学的研究。

改造后的哲学则相反。在杜威看来，哲学必须应用科学方法来处理"人的问题"，这种哲学将放弃它所继承的"谜"并转而关注社会批判。因此，哲学将不再是一种拥有自身特有问题的特殊规则及为孤立的知识阶层所独有的术语系统，改造后的哲学必然是公众的哲学。

在改造过的哲学出现之前，传统的哲学方法必须得到恢复。杜威在改造现有哲学的过程中采取了遗传学的方法，也就是说，他触及了哲学问题的传统。他试图阐明，传统的哲学问题是在前达尔文主义的世界观的前提下产生的。一旦放弃了这一前提，一种建立在达尔文主义原则基础上的新型哲学就登上了历史舞台。

注　释：

① 《多元的宇宙》（坎布里奇：哈佛大学出版社，1977 年版），第 14 页。

② "meta"这个前缀是一个希腊语词，其字面的意思是"在……之后"，但具有"超越于"或"在……之上"的含义。因此，"元哲学"（metaphilosophy）就是一种居于哲学自身之上的哲学。

③ 参见《作为经验的艺术》（*AE*，LW10：18ff）。

④ 柏拉图：《泰阿泰德篇》。请比较杜威的这段话："古典哲学在

惊异中得以被意识，在闲暇中产生并成长于完美的思考之中。"（*EN*，LW1：101）

⑤ 关于"两个世界"的形而上学，参见柏拉图：《斐多篇》和《理想国》。

⑥ 试想，在美国，最高学位的名称是"哲学博士"（Ph. D.）。这意味着，一旦人们理解了某一主题的哲学方面的内涵，他就掌握了所有其他人能够掌握的东西。

⑦ 参见亚里士多德：《形而上学》，卷 A，991a 以下。

⑧ 参见杜威：《我所相信者》一文（LW5：267-278）。

⑨ 参见杜威：《哲学复原的需要》一文（MW10：3-48）。

⑩ 哲学必须成为社会批判的工具的观点在《经验与自然》一书中得到了体现（*EN*，LW1：304-308）。

⑪ 参见杜威：《达尔文主义对哲学的影响》一文（MW4：3-14）。

3　改造经验

认识论①的问题主宰着现代哲学。②哲学家们特别致力于理解经验与知识间的关系问题。无须过分简化，人们便能懂得现代哲学史是关于经验的认识论价值的两种态度之间的一场竞争。理性主义者认为经验是幻象与谬误的源泉，从而也是获得知识的障碍。常被人称为"现代哲学之父"的理性主义者笛卡尔（1596—1650 年）认为，经验是一种系统性的欺骗。也许是以下这一论断使他最为出名，即在经验的基础上，人们永远无法确定自己是在做梦还是处于清醒状态。③因此，理性主义者们把知识的源泉完全归结为思维的理性能力。

经验主义者们对理性主义者们诉诸理性的举动表示怀疑。他们认为，理性是一种与物质世界毫无关系的抽象能力，只能提供最琐碎的知识。举一个普通的例子来说，人们可以通过理性懂得"所有的单身汉都是未婚的"。经验主义者们认为，这种所谓的知识仅仅存在于对所运用的术语之定义的理解过程中。理性之所以能够提供"所有的单身汉都是未婚的"这一知识，仅仅是因为"单身汉"的意思就是"未结婚的人"。这一假想的知识是空洞的，它依赖于我们对词语的使用方式，但对世界上实际存在的事物而言，则什么也没说。例如，理性并不能告诉我，某个特定的人 P 是否是一个单身汉。

经验主义者们强调，我们必须保留"知识"这一名称，因为它使我们与世界而不是与术语的意义联系起来。因此，经验主义者们努力建构一门建立在经验基础上的知识论。在经验主义看来，仅凭经验就可以在思维与世界之间建立起必要的联系，因而经验就是知识的源泉。现代经验论的代表人物约翰·洛克（1632—1704 年）写下了这样一段话：

> 让我们设想思维是一张我们所说的白纸，没有任何特征，没有任何观念，它是如何被充实的呢？……对此我的回答是，一言以蔽之，经验。在经验中，所有的知识被确立起来。从经验中，所有的知识也将最终引导出自身。④

杜威也是一名经验主义者。像现代经验主义者（又被我们称之为"传统经验主义者"）一样，杜威也主张经验是知识的源泉。但是，他反对传统经验主义者关于经验是什么的观点。杜威改造了现代的经验概念，他发展了一种经过改造的经验主义，我们可以称之为"激进的经验主义"（radical empiricism），其内涵因为种种原因迟些时候才会明朗起来。因为杜威的经验概念只有在与传统经验论进行比较的过程中才能得到最好的理解，所以我们首先还是介绍一下传统的经验概念。

在本研究的这一环节上作出检验经验概念的决定并非是心血来潮。在《哲学复兴的需要》这篇评论中，杜威强调：

> ……正是这种传承下来的、对经验学派及其反对者而言都司空见惯的经验观激活了许多讨论，这些讨论甚至涉及一些在表面上与经验离得很远的事物，然而也正是这种观念在现存的科学和社会实践面前最站不住脚。（MW10：5）

正如我们在以下的分析中将要发现的，传统经验论所使用的经验概念带来了许多声名狼藉的哲学"谜团"，我们在上一章中了解到，杜威希望哲学家们放弃对这些谜团的研究。改造哲学的努力因此必须从分析这一经验论开始。一旦传统的观念被破除了，一种新的经验观——一种新的经验主义——就会得到适当的发展。

传统的经验论

传统理论的建构

"为了理解经验主义的意义，我们需要理解何为经验。"（*EE*，LW13：11）知识来源于经验这种主张是千篇一律的，除非我们了解到经验是什么。经验是什么？哲学家们已经提供了似乎很合理的答案，也就是说，经验是一种感官知觉。具有一种经验意味着通过人们的感官来感觉到对象。我现在正注视着近旁的一个苹果，在我的书桌上由许多书籍、纸张和其他对象所构成的背景中，我看到了一块苹果状的深红色斑点。即使我轻轻晃动一下脑袋，我的经验也将随之而改变，呈现在我视域中的是一个三维的苹果。我将手放到苹果上去检查它的质地。现在我有了一种触觉经验，我感觉到一个光滑的、圆润的表面，当我拿起苹果放到嘴边时，我闻到了它的香味；当我咬下一口时，我听到了苹果被咬时那与众不同的声音，并尝到了它独有的甜味。现在我有了一系列的经验：视觉、触觉、嗅觉、听觉，最后是味觉。

这种经验概念似乎简单明确而配不上被称为"理论"。然而，在这种表面上清楚无误的概念底下，隐藏着一大堆需要做广泛哲学研究的困难。为了审视这些困难，我们不妨想一下一些熟悉的感觉错误的例子。将一根直棍的一半放入游泳池中，你所看到的是什么？看起来这根棍子在水面的地方发生了弯曲。现在站到一条长廊的一端，两面的墙壁是不是在远处汇集到了一点上呢？也许你有过炎热的夏日在直道上行车的经验，通常，人们会感觉到路的远方有一个水坑，但一旦接近时，这个水坑就神秘地消失了。此外，我们还可以想一下被称为"视觉幻象"的感觉错误。您也许熟悉内克盒（Necker box），一种看上去是三维立体的二维抽屉。3D电脑游戏也为我们提供了更方便的例子。

这些思考给哲学家们带来的启示是，感官经验是表象性的。也就是说，感官经验不能反映我们与世界的直接联系。毋宁说，它在提供世界景象的问题上担当了中介者的角色。如果不是这样的话，如果感官经验能够反映我们与世界的直接联系的话，我们就无法解释错觉了。否认感官经验具有表象性会让人们作出荒谬的论断，例如棍子在水中的确弯曲了。

看来简单的经验概念现在在哲学上变得复杂起来了，引入某种技术性的术语也许有助于看清这一点。一旦我们承认经验具有表象性，我们就必须区分表象与被表象的对象。当我注视桌上的苹果时，我获得了某种图像，它是对某种物理对象，也就是苹果的表象。这一对象，即苹果，躺在桌子上。它与其他的对象，例如它所依附的桌子形成了某种关系。这个苹果还在我的手表旁，在天花板下，在书籍前，它比手表重而比桌子轻。这些都是世俗的观察。现在让我们提出几个哲学问题：这种表象，即苹果的图像是从何而来的呢？它存在于何处呢？它是怎样产生的呢？

看来这种表象存在于我的头脑中，也许是在我眼睛后面的某个地方。事实是这样的吗？现在我再次观察着桌上的苹果，假设在我观察苹果时您能透视我的头脑，您将看到什么呢？是关于苹果的图像吗？不是，您所见的也许是脑沟、血管、脑髓等。也许您还能透视我的脑沟。苹果的图像存在于脑沟中吗？不，在我的脑沟中存在的是神经、更多的血管及更多的脑髓。那么，苹果的表象到底在哪里呢？我们再次发现，最初看来简单的答案却包含着这么多麻烦！

让我们再回顾一下。我们从这样一个观念开始，即经验是一种感官知觉。我们随后注意到感觉错误的存在。为了避免作出诸如"直棍在放入水中时会变弯"这样的结论，我们判定，感官知觉并不能使我们直接了解世界，而只是提供了表象。因此，我们说棍子在水中显得变弯了，然而事实上棍子是直的。我们随后区分了表象与被表象的对象。我们考察了一个特定的对象，一个苹果，发现可以在这一对象与其他对象的关系中来定位它。随后，我们发现，对苹果的表象而言却无法做到这一点，我们陷入了困境。问题依然存在，苹果的表象在哪里呢？

某些哲学家认为，我们企图像定位苹果自身那样来定位苹果的表象是错误的。在他们看来，对象是物理性的，因而可以在空间中来定位它，而表象则不是物理性的，不存在于空间中，因而无法通过观察来"发现"。他们继而指出，苹果的表象存在于人们感知苹果的头脑中。苹果的表象通过"内省"这种大脑的特殊功能来直接获取。与此不同，苹果则是通过对苹果的表象的意识而间接被感知的。

于是，在这里我们接触到了传统经验论的核心部分。它是一种在哲学史上非常有名的复杂的理论。了解它的主要特征是非常重要的。首先，我们注意到这一理论将我们在表象与被表象的对象之间所作的区别，转换成了形而上学的二元论。苹果这一对象属于存在的序列，不同于苹果的图像这一表象所归属的序列，苹果是物理性的，而表象是精神性的。同时，我们看到，这种最初的二元论被进一步归纳为诸如苹果这样的物体所占据的物理的、"外在的"世界与大脑的、精神图像所构成的非物理的、"内在的"世界之间的二元论。最后，在可以通过感官经验所间接把握的苹果与可以通过内省而直接把握的表象之间，也存在着认识论上的二元论。

现在我们发现自己陷入困境中。我们的理论主张头脑是包容精神表象的，物质世界是包容物质对象的。但是很明显，这两个被假定为分离的领域是相互联系的，因为除非我在做梦或产生了幻觉，否则苹果的表象只有当苹果出现时才存在。换言之，"内在的"苹果的表象通常是由"外在的"苹果所产生的。因此表明，这一理论需要引用某种方法，以便在外部世界的物理对象和它在内在领域所产生的精神表象之间建立起因果联系。

因此，我们必须在自己的理论中引入一种中介物，以便在精神表象的内在世界和物理对象的外在世界的分裂处建立起桥梁。传统的经验论者用了不同的术语来描述这个第三者。约翰·洛克说，物理对象发射出"不可感觉的东西"，这种东西在大脑内引起了"振动"，从而在大脑中产生了观念。⑤更新一下洛克的观点，我们可以用"感觉材料"来代替"不可感觉的东西"。"感觉材料"是一些不可感知的信息，它们从物理对象中发出并与处于适当位置的观察者的感官发生因果联系，从而在观察者的中枢神经系统中产生一系列的感应。这些感应反过来产生了精神性的表象，即"观念"。回到我们所举过的苹果的例子：该苹果发出了某种包含着苹果信息的感觉材料。在视觉经验的例子中，感觉材料影响了我的眼睛并刺激了眼部的神经。这种刺激传到了大脑的一个名为视觉皮层的部分，后者接着产生了某种精神图像——一个成熟苹果的深红色。

在其他的感觉经验中存在着类似的问题。试以听觉为例：我敲击钢琴的键，它引起了钢琴内部的琴线发生振动，这种振动产生了一种我们称之为"声波"的气流障碍——我们很容易说，琴线为自己的振动发出了某种感觉材料。这种材料与我的耳朵联系，并刺激着我的听觉神经。这种刺激进而传到我的大脑的某个部分，并在我的大脑中产生一个我们称之为"D"调的听觉图像。看来，在引入这种介质后，我们已经解释了经验的表象特质，并确立了一种合理的经验论。

传统理论所带来的麻烦

虽然刚才所概括的经验论似乎还令人满意，但它还是带来了一些理解上的困难。首先，人们也许想了解我们是否通过使用"表象"这一术语，来描述在经验中呈现的精神图像，以提出重要的问题。"表象"这一术语也许会引发问题，因为它意味着在精神图像与产生这种图像的对象之间存在着某种关联。也就是说，我们因而可以假设，通过感觉材料，桌上的苹果产生了深红这一精神图像以符合、"表现"苹果的真实颜色。我们有什么理由来接受这一点呢？如何来证实这一主张呢？为了证实我在观察苹果时见到的红色真正表现了苹果的颜色，我不得不对苹果和精神图像作一番比较。在我们的理论看来，这种比较是不可能的。我与苹果的唯一接触是通过由感官经验所提供的图像来实现的。也就是说，在感觉之外，我永远无法将苹果与苹果的精神图像进行比较。正如德国哲学家伊曼努尔·康德（1724—1804 年）所说的，我们永远无法知道以"物自身"方式存在的苹果。⑥

让我们这样来思考这个问题。⑦设想我们在观看一个关于希腊巴特农神庙的电视节目，很想知道它是否像电视屏幕上表现的那么庄严，您可以到希腊去对实物和电视画面进行比较。然而，假如您无法到希腊去，而只能通过电视来了解巴特农神庙，您能证实电视中的巴特农神庙真正表现了现实中的巴特农神庙吗？您不能做到这一点。在我们的理论看来，我们直接在经验中所接触的是精神图像，我们无法进入产生这一图像的对象。因此，我们的理论无法证实这样的假设，即精神图像是对外在对象的真实表现。

这一思考促使哲学家们避免使用"表象"这一术语，而采用更为中性的术语来指称在感官经验中所呈现的图像。洛克使用了"观念"（idea）这一术语，其他的哲学家，例如伯特兰·罗素则采用了"感觉"（sensation）这一术语。为了避免在很多方面与"观念"的含义混淆，我们将采用罗素的术语。我们可以说对象发出了感觉材料，而后者接着在思维中引起感觉。但是，感觉与引起这种感觉的对象之间的关系仍然是一个谜。

从以上的问题中衍生出了新的问题。一旦人们意识到我们的理论不能确证我们的经验真实地表现了外在对象，我们将会遇到潜在的反对。我们有什么理由相信有对象的"外在世界"存在？爱尔兰哲学家乔治·贝克莱（1685—1753 年）在传统经验论的基础上认为，物质对象是不存在的。⑧他的论证是，既然我们只能与感官经验相接触，我们就没有理由相信有任何事物能够超出这种经验之上。换言之，如果经验论坚持这样一种观点，即所有的知识都来源于经验，如果经验总是精神性的，那么经验主义者就没有理由相信物质世界。因此，在贝克莱看来，以下的这种常识性的信念是没有得到证实的，这一信念即我们看到了苹果是因为在世界之中存在着一个使我能见到苹果的物质对象。相应地，贝克莱认为经验主义导致了唯心主义，即只有精神和观念存在的观点。

人们可以通过以下的方式来回应唯心主义者：虽然人们不能声称人的经验是来自于物质对象，但仍然有理由相信的确存在这种对象。人们继而指出，经验论者通过相信对象而得到了辩护，因为关于对象存在且导致我们的经验产生这一假设，为经验的延续性与规则性提供了最好的解释。只要我注视着苹果，我就看到了深红；只要我敲击琴键，我就听到了"D"调。但当我合上眼睛时，苹果的图像就消失了，只有在我张开眼睛时，它才会重新出现。为什么在经验中存在着这种稳定的模式呢？

让我们进一步考察感觉错误的例子。如果在我的直观经验之外不存在任何东西，那么为什么我们称这些例子是"错误"的呢？假如一个朋友看到了一半没入水中的棍子就宣称"那根棍子是弯的"，我们是否要陈述这一事实：这个朋友犯了一个错误，他是否不该宣称棍子独立于人们的经验而存在，而且棍子是直的？除非我们假设有独立于观念的对象存在，否则我们就不能解释我们最基本的直觉。关于物质对象存在的信念因此得到了证实。

借助于经验的规则性，我们看来已经使这样一个常识性的信念得到了保留，即存在着由普通的物质对象所构成的外在世界。然而，这种辩护导致了第三种困难的产生，这种困难一般与大卫·休谟有关。⑨我们如何知道我们的经验具有规则性？我们能够体验到规则性吗？在我们的信念中，这种稳定性的源泉是什么呢？

这些问题听起来也许很愚蠢。然而，在我们对经验之规则性的强调中确实存在着很大的困难。为了说明这一点，有必要介绍传统经验观的一个特征。根据传统观点，感觉是不连续的刺激以及特殊的感觉材料加诸感官的产物。因为感觉材料导致了感觉的产生，而且每一种材料都是不连续的、特殊的，因而每一种感觉也是不连续的、特殊的。也就是说，经验是像电影胶片上的画面一样被组织起来的，每一种感觉就像一个电影画面。

让我们来做一个实验。现在的时间是 12：30（称此为"时刻 1"，或简称为"t1"），我正在观察苹果，我看到了一块苹果状的深红色斑点（称此为"感觉 1"，或简称为"s1"）。于是我们可以说，我在 t1 获得了 s1。现在的时间为 12：31（t2），我闭上眼睛见到了黑色（s2）。几秒钟后（t3），我重新张开眼睛见到了苹果状的深红色斑点（s3）。常识告诉我，s1 在某种程度上等同于 s3。当然，s1 与 s3 在严格意义上并不同一，因为它们是在不同时间出现的。哲学家们用"质的同一"（qualitative identity）这一术语来表示 s3 与 s1 看起来一样这一意思。说 s1 与 s3 在质上同一，也就是说 s1 的深红与在 s3 所呈现的深红是同一种深红，具有同样的质。如何能够确证这一点呢？

现在是 t4，我在比较两个记忆 s1 与 s3。在我的记忆中，s1 与 s3 在质上是同一的。这一点足以确证 s1 与 s3 在质上的同一性，并因而确认经验的连续性吗？不能。记忆 s1 与 s3 自身都是感觉，因而确定我的记忆的精确性的问题实际上就是另一个问题，即确定我的感觉在表象上的精确性的问题。正如我们在早些时候所了解到的，人们不能在感觉的基础上确证这种感觉确实表现了外部对象。现在我们发现，在记忆的感觉的基础上人们无法确信这种感觉是以往的感觉的确切表象。这个问题是非常棘手的。

我们已经遇到了几个棘手的哲学问题，现在让我们来回顾一下。一旦承认传统的经验论者无法确证内在感觉是外部对象的确切表象，唯心主义者就有可能否定外部世界的存在。为了避免这一点，我们借助这一事实，即在经验中存在着某种规则与连续性，它们最好可以被解释为：在思维之外存在着能够在思维之内产生观念的对象。上面的实验表明，正如我们无法通过经验来证实感觉是外部对象的确切表象这一信念一样，我们也无法通过经验来证实在经验中存在着规则这一信念。我们对唯心主义者的回答失败了，传统的经验论促使我们否定关于外部世界存在的信念。

我们开始所探讨的传统经验论带来了一系列棘手的哲学问题。这些问题与其他一些我们还未考虑过的问题一起，促使某些传统的经验论者，如休谟，倒向了怀疑主义。他们认为，我们不可能获得哪怕是最基本的知识。自休谟以来的哲学都致力于回答由怀疑主义所提出的问题。

注意到这些问题的特殊性对于我们的研究目的很重要。在上一章中我们发现，杜威批评传统哲学沉溺于智力迷宫之中，而忽视了普通经验的世界。杜威的这一批评是否在现在的讨论中得到了证实呢？正如杜威已经指出的，通过对这类问题的关注，哲学自身已疏远了对普通生活的关注，因而也不可能有效处理一些不可避免的实际问题。人们还记得休谟的这一困惑，即他在面对世界时必须放弃哲学。休谟认为，尽管他存有怀疑论，但是

> 我还进餐、玩双陆棋、交谈以及与朋友一起娱乐，在三到四个小时的娱乐之后，我将返回到这些思考之中，而它们显得如此的冷酷、乏味和不可思议，我简直无法再投入到它们之中去。此时我才发现自己绝对地、必然地会作出这样的决定：在日常的生活事件中像其他人一样生活、交谈与行动……[10]

虽然传统经验论者的研究从"普通事件"的世界开始，但是它迅速变成了一种逃离世界的方式，一种孤立的智力训练，最终得出了知识不存在以及他们开始研究的世界不存在的结论。

杜威的经验论

激进经验论的观念

传统的观点产生了内部感觉世界和外部对象世界之间的二元论，随后又试图理解这两个被设想为孤立的世界是

如何联系的。这将导致一系列困惑的产生：是我的经验使我和我的思维之外的世界联系起来的吗？有这样一个世界存在吗？究竟有无可能获得知识呢？哲学已经被这些问题困惑了几个世纪。在许多方面，这些仍然是最重要的哲学问题。在上一章中，我们讨论了杜威"对我们所继承的任何一种哲学的价值所进行的检验"。也许您还记得，这一检验存在于这样的判断之中，即所提出的哲学理论是否使"普通的生活经验及其困境"更可理解，"在我们面前更清晰"。让我们把这一检验应用于传统的经验观，传统理论对经验的解释到底如何？它是否使得经验"更为明确"或使得事物"更加模糊"（*EN*，LW1：18）？

答案是明确的。传统的观点使经验神秘化了。有经验存在这一点是确定的，但传统理论并没有解释经验是什么，它是如何产生的，以及它如何与世界相联系，而且它使得这一切更为费解了。确实，我们不应该满意于这样一种经验论，它得出的结论使经验的概念更模糊，它使得世界的存在成了一个棘手的问题。

我们该怎么办？我们必须发展更合理的经验观。在发展一门新理论的过程中，重要的是意识到传统理论错在哪里。杜威的诊断方案是明确的，"传统的（关于经验的）论述不是经验性的，而是从经验'必须是什么'这一无法命名的前提所作出的推论"。（MW10：11）传统的经验论者为牛顿的成就所吸引，因为后者构造了一种关于根本的、不可见的运动粒子的物理体系。这些经验论者也试图发展类似于牛顿的机械论的经验论和知识论。但是，在这样做的过程中，他们忽视了经验的实际特征。正因为这样，传统的观点才不尽是经验性的，而是一种不是来自于经验的经验论。问问您自己：当您注视一个苹果时，传统的观点是否把握了所发生的事？您是否经验到了有关深红色的清晰的、原子性的感觉？这种经验是以不连续的、脱节的感觉图像的方式向您呈现的吗？这种经验使您陷入了怀疑论中吗？这种经验使您怀疑到世界的存在吗？注意一下我们在本章中为了陈述传统理论用了多少篇幅。如果传统的观点真正描述了经验是什么，那么是不难对它作出解释的。除非您经过了哲学训练，否则传统的经验论可能对您而言就是陌生的。

于是，为了建构一种新的经验论，我们就不能从经验"必须是什么"这样一个假设的概念入手，我们应该转向经验自身。在这一意义上，杜威的经验论就是一种"激进经验主义"的经验论，它的"激进"特征体现在它是从经验自身来得出经验概念的。[11]

杜威的激进经验主义的经验论

让我们重新开始。何为经验？我再次注视着苹果。我把手伸向它，抓住它，把它放入嘴中，再咬了一口。这些操作的显著之处在于它们不是表现为一系列不相关的感觉活动（像传统观点所宣称的那样），而是表现为连续的行动。我并非首先看到苹果，再闻它，接着再尝它。这些视觉、嗅觉与味觉的方面都在吃苹果这个单一的行动中得以协调。进一步说，这些不同的感觉活动是相互协调的，它们构成了一个行为的"环"，而不仅是一个行为的系列。[12]也就是说，看到苹果这一行为为伸手和拿苹果这两个行为作了预告。接下来，吃苹果是对拿苹果行为的一种回应。即使是看到苹果这一单独的活动，我也不是被"提供"了一幅图像，而是看到苹果，包括了注视以及审察。我不仅仅是被苹果所影响，而是在做某事。在这个意义上，我给了要放入嘴中的对象一个定位。于是，"看"成为一种行为，而不是被动地看到。进一步说，作为结果的"看"并不只包括一个孤立的深红色的斑点，我是在一个特殊的背景、特殊的位置、特定的条件以及特定的距离中来看苹果的。

以上这些思考意味着，经验首先不像传统观点认为的那样是一种感觉。基于传统模式之上的不同感觉图像实际上是种种抽象。它们并非"起点"，而是一些假定，是"分析的产物"（*EN*，LW1：116）。当我们离开理论而检验经验自身时，我们发现传统观点中的原子式的"感觉"不过是一种虚构。感觉图像并不像电影胶片上的画面一样在思维中呈现，它们不能孤立地存在。毋宁说，感觉经常是在特定行为所组成的更大的背景中，在特定的条件下，为着一定的目的而产生的。

对经验的检验使我们意识到，传统经验论者所说的"感觉"并不是主要的。反之，经验自身意味着它"首先是一种行动的事件"（*RP*，MW12：129），它是"人类与物质环境和社会环境之间进行的交流"（MW10：6）。这种"交流"是一种交换，一种交易，在其中生命与环境的诸要素之间进行互动。相应地，经验包含了"一种主动的要素与一种被动的要素"：

> 从主动的一面说，经验是一种努力（trying）——其意义在与之相关的实验这一术语中将得到澄清；从被动的一面说，它是一种经历（undergoing）。当我们经验到某物时，我们是在作用于它，我们是在利用它，随后我们要忍受或经历其结果。我们利用了某物，而后者反过来也利用了我们……（*DE*，MW9：146）

"换句话说，经验就是同时进行的行为和经历的统一体。"（MW10：9）经验包含了同时进行的行为与经历这一点表明，经验是一个连续的过程。更准确地说，经验是生命与共同环境中的其他要素之间进行互动的连续过程。

让我们考察一下另一个例子。在杜威的理解中，驾驶汽车是说明经验这一术语的上选事例。在驾驶汽车时，人们不仅仅是在"看"，不仅仅是在脑中"呈现"出道路及其他车辆的图像。驾驶汽车是司机与环境中的其他要素之间进行互动的事件。这一环境包括其他的车辆、路面、交通规则以及天气状况等。这些要素中的一部分是相对稳定的，例如速度的限制以及道路的一般状况；其他的则是波动性的，例如其他车辆的状况以及天气等。在驾驶中，人们必须根据当时的条件来调节自己的行为。这种调节不是对环境的被动适应——驾驶要求人们与环境相合作、相协调。这些行为不仅影响到司机，而且使当时的环境发生了改变。一旦人们的行为没能与环境中的其他要素相协调，一场车祸就不可避免了。

当然，这个互动的过程要求感觉的参与。但是，再强调一次，感觉信息不是首要的和最终的要素，与驾驶相联系的景象与声音实际是看和听，它们是为驾驶而采取的行为。基于此，经验的感觉方面的特征就在驾车这一行为中存在，并从中获得意义。因此，它们就不仅仅是"呈现"在作为被动的接受器的大脑中的图像，而是与特定的目的相联系，它们承担着某种职能，它们调整、引导行为并与后者相协调。

与传统理论的比较

基于以上对杜威经验论的概括，现在我们可以将杜威的观点与传统的观点进行一番比较。在《哲学复兴的需要》这篇文章中，杜威作出了五点比较。根据杜威的论述，我们将逐条列出，并对每条作出简要的评论。[13]

（1）在正统的观点中，经验首先是一种认识事件。但如果不以老眼光来看，它无疑就表现为生命体与物理环境及社会环境之间的交流。（MW10：6）

现代哲学中的重要争论涉及经验的认识论价值。在这个意义上，经验"主要被视为一种认识事件"，经验的意义完全存在于它与认识的关系之中。但是，在杜威看来，经验是生命体维持自身的中介。经验是活的，它主要是一种生命现象，而不是一种认识现象。在下一章中，我们将看到，杜威发展了一种知识论。根据这种理论，认知是在经验中进行的一种特别的行为。

（2）在传统中，经验是（至少主要是）一种精神性的东西，它影响着整个"主体性"。经验自身意味着一个真实的客观世界，它进入到人们的行为和痛楚之中并接受后者的改变。（MW10：6）

在传统的观点中，经验是思维中的一系列图像。一旦把这些精神图像视为经验的根本要素，"内部"经验和"外部"世界之间的关系问题就自然产生了。于是我们想知道，当我注视苹果时所感觉到的深红色是否与苹果本身的颜色相吻合？最终，我们想知道的是，究竟有无苹果存在？杜威认为，这类困难不是由经验自身产生的，而是特定的经验论的产物。经验并不使人否定外部世界的存在，经验意味着我们是在特定条件下行动的生物。这些条件影响着我们的行为，反之，我们也通过行为影响着这些条件。

（3）一旦已确立的原理意识到应该超越只有现在

的存在，过去这一维度就无疑会被考虑。对已发生事件的记录将优先被考虑为经验的本质。于是，经验主义就被理解为对过去存在的事件，或对"所与"的关注。但经验的最重要形式是实验，是改变所与的努力。它是以规划和探询未知领域为特征的，与未来的联系是其最重要的特征。（MW10：6）

在传统的模式中，经验是对对象所发出的感觉信息的被动接受。因此，经验被解释为对某物是什么的一个单纯记录。经验的认识论价值在很大程度上体现为它是对对象的确切表象。我们已经了解了这种经验概念是如何导致了认识论问题的产生的。比较而言，杜威的经验概念不是对外部世界的被动的记录，而是与外部世界发生互动的行为事件。从生命体与环境中的其他因素之间的互动这一角度来理解，经验主要关注被规划的未来以及被改造的环境。在感觉的时刻存在的条件就不仅是被记录下来的东西，而且是经验行为中使用的材料。

（4）传统的经验论可以被归结为特称论。关联与延续性被排除在经验之外，被视为不确定的有效性的副产品。而对环境的忍受及向着新方向来控制环境的努力等经验，却是孕育在上述关联之中的。（MW10：6）

早些时候所做的实验，显示了传统观点对根本的、原子式的"感觉"的关注所带来的后果。一旦经验被分解为离散状的、个别的要素，不同感觉之间的关系就变得模糊起来。这导致休谟否定我们知晓在经验中存在连续性。休谟认为，不同经验之间的表面联系并不是经验本身的特征，而实际上是思维的活动，这种活动在经验中习惯地产生了连续性的幻象。⑭激进经验论从经验包含着连续性与联系这一事实开始。经验自身表现为行为与经历的连续；在经验中不同阶段的联系不是外来的，而是经验的实际特征。

（5）在传统的观念中，经验与思维是对立的术语。一旦不是对过去所与的复现，推论就超越了经验，因而它或者是无效的，或者是对绝望的衡量尺度。以经验为跳板，我们凭借推论就可以了解稳定之物及其他自我的世界。但是一旦脱离了陈旧观念的束缚，经验中就充满了推论。很明显，没有有意识的经验不包含推论，反思是天赋的和永恒的。（MW10：6）

因为传统理论是根据感觉来严格定义经验的，所以它导致了"经验"（即精神图像的系列）和"思考"或理性（一种从特殊经验中推出一般结论的思维能力）之间的二元论。一旦经验被理解为众多不同的、彼此不相关的感觉要素，它在得出结论的过程中所组织和使用的方法就是可疑的。然而，杜威的理论不会在经验的原始材料及组织这些材料的能力之间产生二元论。杜威不仅将"思考"理解为"推理"的抽象逻辑行为，而且将它理解为根据当前条件引导行为的活动，它并非独立于经验而存在，而是在经验之内运作。

通过这种比较，我们较合理地、完整地了解了杜威的经验论。这一概念为杜威哲学的其余部分提供了基础。[15]我们已经了解到，传统理论无法为认识论提供一个有效的基础，接下来我们将转向杜威在他的经验论中所建构的新经验主义。

本章概要

哲学史上相互对立的学派在经验论上却具有一致性，因为经验论导致了标准的哲学二元论及与之相应的问题，所以改造哲学的努力便必须从改造经验论开始。

我们从较具体地概括传统经验概念的主要特征开始。在传统经验论看来，经验可以被理解为存在于由感官所产生的不同的、原子式的精神图像（"感觉"）之中。从这一观点出发，我们遇到了一系列的问题，并发现这些问题将使人最终陷入怀疑主义。像杜威一样，我们决定不满足于一种无法说清经验自身的经验论。

在设计新的经验论的过程中，我们采用了杜威的"激进经验主义"这一立场。也就是说，我们转向经验自身来引导出经验论。通过对经验的检验，我们发现经验并不是一个由彼此分离的感觉图像所组成的系列，而是存在于行为中的延续性。因此，经验不能被理解为对外在世界的精神表象的接收，它主要是生命体与环境中的其他要素之间进行互动的行为。传统理论将经验视为"外部"世界的图像所呈现的被动的思维活动，而激进的经验论则将经验与有机体的生命活动联系起来。本章以对传统观点和杜威的理论所作的五点比较的讨论作结。

在本章的开始，我们注意到了杜威是一个经验论者。在讨论完杜威对经验论的改造之后，我们在下章准备考察杜威对知识论的改造。

注　释：

① 认识论是涉及知识的本性与可能性的哲学领域。知识是什么？如何获得知识？有可能了解事物吗？这些都是认识论提出的典型问题。

② 哲学史上的"现代"大致包括从 16 世纪晚期到 20 世纪这一段时间。

③ 参见他的《第一哲学沉思集》第一部分（剑桥：剑桥大学出版社，1996 年版）。笛卡尔的论证是，你当前所具有的每一种感官经验——例如，你正在读这个句子——与你正梦见自己具有这一经验的主张是一致的。你现在可以是梦见自己在阅读这个句子。但如果你现在是在做梦的话，你就无法阅读，因为你的眼睛是闭着的。

④ 约翰·洛克：《人类理解论》（尼迪奇版，牛津：克拉雷登出版社，1975 年版），第 104 页。

⑤ 参见洛克的《人类理解论》一书（同上），第 136 页。也可参见伯特兰·罗素的《哲学问题》一书（伦敦：牛津大学出版社，1959 年版），以及查尔斯·兰斯曼的《认识论导论》（剑桥：布莱克维尔出版社，1997 年版），第 1—3 章。

⑥ 参见康德：《未来形而上学导论》一书的第一部分（纽约：麦克米兰出版公司，1950 年版）对"物自身"的讨论。

⑦ 以下的例子是由罗伯特·巴克利向我建议的。

⑧ 参见《对话录三篇》一书的第三部分（收入贝克莱《哲学著作集》，米歇尔·艾耶尔主编，伦敦：J. M. 邓特出版公司，1993 年版）。

⑨ 参见休谟的《人性论》第一卷（塞尔比-毕基版，牛津：克拉雷登出版社，1987 年版）。也可参见休谟《人类理解研究》（塞尔比-毕基版，牛津：克拉雷登出版社，1975 年版），尤其是第 2—5 章。

⑩ 休谟：《人性论》（同上），第 269 页。

⑪ "激进"一词在拉丁语中与"根"是同源词。在这个意义上我称杜威的经验论是"激进经验主义的"——它试图用经验来追溯经验的根源。"激进经验主义"一词由威廉·詹姆士所创造，可以参考他在《激进经验主义文选》（坎布里奇：哈佛大学出版社，1975 年版），尤其是他在《纯粹经验的世界》一文中对这一观点的表述。我这里对激进一词的运用与詹姆士有所不同。

⑫ 以下的讨论大部分来源于杜威发表于 1896 年的论文：《心理学中的反射弧概念》（EW5：96-109）。在这篇论文中杜威拒绝了传统经验论"脱节的心理学"（EW5：99），并发展了协调的行为之"环"的概念。

⑬ 我建议读者朋友阅读理查德·伯恩斯坦在《约翰·杜威》一书

　　第 5 章中对此所作的精妙讨论（加利福尼亚：里奇威出版公司，
1966 年版），第 57—74 页。

⑭　可参见休谟《人类理解研究》一书的第 4 和第 5 章（同上）。

⑮　此处应注意，杜威的三篇最重要的著作：《经验与自然》、《作
为经验的艺术》及《经验与教育》，其标题均有一个共同的特
征：都有"经验"一词。

4　改造知识

杜威与认识论传统

认识论的种种问题

在上一章中，我们就遇到了典型的认识论问题。首先，我们遇到了广为人知的"知识的问题"。此问题产生于这样一种意识：既然在传统的理解中，经验存在于不同的精神图像中，那么我们就无法确证经验与外部世界之间的关系。又由于知识被认为存在于经验对世界的确切表象之中，则我们不可能知道人们具有知识。一旦我们的经验与外部世界的联系被割断，第二个问题即"外部世界的问题"又产生了。如果经验总是精神图像的经验，如果所有的知识都来源于经验，那么我们也就不可能知道有一个外部世界存在并独立于人们的经验。

上述两个问题直接引出了认识论中最持久的一个问题，也即"怀疑论的问题"。因为即使是最基本的信念也不能被确立为知识，怀疑论者便否定整个知识的可能性。这些怀疑论者向主张通过知识来证明其所知的人提出了挑战。当然，任何试图回应怀疑论者挑战的人都不得不假设知识的存在，因为很明显，证明某种结论是否真实的证据，本身即以某些被假定为正确的前提为基础的。一旦这种证据被给出，怀疑论者就将向在这一原始证据中运用的每一个前提索要证据。[①]任何试图满足怀疑主义者的举动都将面对后者的得寸进尺。因此，在怀疑论者看来，即使是最具常识性的信念也是毫无根据的。[②]

笛卡尔以来的哲学家们都被这类问题所困扰，现代哲学中的一些主要著作也明确地涉及认识论的主题。事实上，现代所有主要的认识论学派的工作都可以被理解为解决上述问题的不同努力。比较而言，杜威并不试图回答传统认识论所提出的问题及所面临的问题。相反，他提出的问题是：

> 现在难道不是哲学家们从试图对（认识论）问题的不同回答进行比较，转向对这些问题背后的主张进行思考的时候吗？（MW10：24）

杜威确信，一旦哲学家们作出这种转向，他们将发现

"麻烦就伴随着这些问题"（MW10：25）。他们会发现，认识论的种种问题都是"探究中的障碍、死胡同"（*EN*，LW1：17），他们会同意，我们需要的不是"解决"这类问题，而是"超越"它们（MW4：14）。③杜威之所以坚持让哲学家们放弃传统认识论的问题，是因为他认为这类问题只有当人们接受一系列关于知识本质的陈腐假设时才会产生。也就是说，杜威坚持认为，传统认识论学派之间的冲突，在严格意义上只是在如何获得知识问题上的观点不同而已，所有的传统理论在知识是什么的问题上的观点并无不同。杜威的策略是揭示与批判这种共同的知识观。一旦扬弃了这一观点，被杜威称为"实验主义"的经过改造的理论就可以得到发展。④

驱逐旁观者

（有关认识论）的所有争论及问题都有一个共同的根源。它们都源于这样一种假设，即知识的真实有效的对象是先于并独立于认知行为的。它们都源于这样一个原理，即知识是对实在的把握或关注，无须对前辈的论述进行修正……（*QC*，LW4：157）

在上面的引文中，杜威认为知识观是传统认识论的根本，他称之为"知识的旁观者理论"（spectator theory of knowledge）。这种知识观在两个层次上来展示旁观者的图像：第一，传统观点在认知"主体"与被认知的"客体"之间确立了形而上学的二元论。与被认知的对象相分离，认知者就像"旁观者"和"局外人"；⑤第二，认知被理解为一种知识"对象""呈现"给认知者的被动事件。认知主体"在认知中是完全被动和沉默的"（*RP*，MW12：128），因而在"非参与者"的意义上是一个"旁观者"。在杜威看来，旁观者理论源于由生物学的近期发展所"激发"的心理学假设。根据这种过时的心理学观点，

> 精神生活源自这样一些感觉，它们孤立地、被动地被接收，并根据保持律和联系律而形成由感觉和观念所拼成的图像。（*RP*，MW12：128）

相应地，哲学家们也继承了这样一种观点，即"认识在本质上只是对实在的关注或留意"（*RP*，MW12：144）。因此，传统认识论有一个共同的特征：

> 认知理论是以假定在视觉行为中发生了什么为模式的。对象将光反射到眼中因而被看见了：它在眼睛和具有视觉器官的人之间作了区分，但被看见的物体是没有差别的。真实的对象是那种孤立地凌驾于任何视觉行为之上的对象。（*QC*，LW4：19）

在这一假设的前提下，"知识的旁观者理论是不可避免

的结果"（*QC*，LW4：19）。由于感觉被视为"知识的通路或途径"（*RP*，MW12：128），知识被表述为旁观者对"外在的"、固定的实在所进行的孤立地关注，因此传统认识论的种种问题都产生了。

根据旁观者理论，认知者是一个理想的观察者，一个与认知者和认知行为分离的对实在而言是被动的检查员。这样一种认知者的图像在现代科学面前是站不住脚的，因此需要改造。正如我们在早些时候所讨论的，杜威将达尔文的生物学视为最卓越的科学典范，生命体的概念成为他的改造工作的根本所在。杜威就此写道：

> 生物学发展的结果已经推翻了（传统的）理论。哪里有生命，哪里就有行为和活动。为了使生命得以延续，这些活动既要是连续的，又必须与环境相适应。而且，这种适应性的调整并不是完全被动的。它并不表现为环境对有机体的塑造……不存在一种单纯适应环境的生物……生命体为了自身的利益会改变周围媒介中的一些要素。（*RP*，MW12：128）

从这些达尔文主义的视角来看，"哲学需要某些重要的补充"：

> 有机体与环境的互动结果是某种适应性的产生，它确保了对后者的利用，这是一个基本的事实……知

识被降格为从属的地位，在起源上成为第二位的。即
使是它曾经具有的重要性，也被大大地削弱了。知识
不是某种孤立的自足的东西，而是在生命的维持与进
化的过程中不断发展的东西。（*RP*，MW12：129）

正如上一章中传统经验论者所描述的原子式的感觉一
样，传统认识论所描述的旁观者也是一种虚构。我们必须
抛弃传统认识论在孤立的"内部"认知者和被认知的"外
部"世界之间确立的形而上学的二元论，除非我们坚持陈
旧的心理学理论。换言之，我们必须承认，认知者和被认
知的对象构成了一个共同的世界——认知者并不是一个旁
观实在的可怕的"局外人"，而是生活在环境中的一种生
物。因此，认知者不是被动的感觉接受者，毋宁说，他在
本质上是一个有机体，是一种通过与环境作交流而生活的
代理人。因此，我们必须放弃任何通过将知识与生命体的
维持生命行为相分离而使前者"独立自足"的认识论。

进一步说，对旁观者图像的拒绝导致了对传统的认识
对象观念的拒绝。在旁观者理论看来，被认知者是一种
"以帝王般的孤独"存在的、固定而静止的实在。[6]但是，如
果我们接受杜威的达尔文主义的描述，我们就"被迫放弃
稳定性的假设"（*RP*，MW12：260）。我们必须承认，没有
脱离环境的"实在"，而环境则是易变的、动态性的，并表
现为种种过程。相应地，我们也必须放弃那种将不变的实
在视为认识的恰当对象的认识论。相反，必须根据生命体

与动态环境之间的互动来理解认识。

我们将要作的结论是，由于传统认识论的整个工作都建立在站不住脚的预设的基础上，因此它必须被放弃。因为某些人将这种否定的姿态视为杜威工作的全部，⑦所以我们现在必须转向对杜威的新认识论设想的检验。

实验性的认知理论

新认识论的源泉

我们必须改造知识论。但我们将如何开始呢？在试图提出一种新理论之前，有必要考察一下传统认识论的失误所在。出于这一目的，让我们简要回顾一下在第三章中讨论的几个要点，在那里我们考察了杜威对传统哲学的批判。

这一批判的核心是杜威的这样一个论断，即哲学来源于整合传统价值与科学的文化需要。传统哲学试图通过引入不同类型的二元论来实现这种整合。尤其是，传统哲学在不变的、永恒的实在与变化的、不完美的普通事件的世界之间，确立了一种形而上学的二元论。这种最初的二元论，又在与这些不同的形而上学领域相联系的知识之间确立了认识论上的二元论。完美的存在领域只有通过与哲学反思相联系的理性思考才能得到把握。相反，经验与观察则只提供了关于物质对象和普通事件的次级领域的知识。一旦真实的实在被提升到不能通过科学观察进入，而只对哲学家显现的形而上学领域，经验世界中的对象及科学家所运用的方法就会被视为附属性的。结果是，传统的价值与态度得到了保留。[⑧]

杜威的批判是，鉴于科学方法之举世公认的成就，哲学必须探询相反的途径。与往常一样，哲学必须承担起整合文化价值与发展中的科学技术的社会职能，但改造后的哲学必须通过将科学态度和科学方法延伸到文化自身中来实现这一整合。哲学必须变为一种能使传统文化更为科学的社会批判。因此，哲学自身必须通过清除从过去所继承的、在科学上已经过时的预设而变得更为科学。

传统认识论将知识理解为对稳定的、完整的实在之确切表象的被动接收。然而，自 16 世纪以来，科学已经发展了一种替代性的模式。根据这一模式，知识在本质上是"由假设所引导的实验"所构成的"行动的、操作性的"事件（*RP*，MW12：150）。[⑨]也就是说，科学并不是只有通过获得实在的准确图像才能获取世界的表象，毋宁说，科学将知识理解为预言和控制自然的变化进程的实践性事件。

既然改造后的哲学必须与科学结盟，哲学家们就不能再使认识论独立于科学之外。改造后的认识论必须根据科学中的实验方法来规范知识概念。[⑩]因此杜威将他的观点称为"实验主义"。

经过改造的认识论：作为探究的认知

到现在为止，我们已经讨论了杜威的认识论方法，也考察了他对传统认识论的批判，并概括了他关于改造后的认识论必须是什么样的观念。现在我们必须发展杜威的建议。因为改造后的认识论将以科学的方式来建构，所以杜威将他的认识论描述为"探究的理论"。⑪

探究是什么？要回答这一问题，我们得重新从经验开始。上面提到，杜威是将经验理解为有机体与环境中的既稳定又不稳定的因素之间的相互作用。在他关于探究的原理性著作《逻辑：探究的理论》（LW12）一书中，杜威引入了"情境"（situation）这一术语来表示环境的物理要素和社会要素，以及经验在其中产生的"背景性整体"（*LI*，LW12：72）。因为情境是动态性的，易发生波动，所以生命体经常面临着不稳定性、危险性和阻碍。在这些情况下，有机体是与被杜威称为"不确定性的情境"（*LI*，LW12：109）来打交道的。在杜威看来，探究是有机体与这种不确定的情境联系时在经验中产生的一种行为。准确地说，探究是

　　……通过控制或引导，将不确定的情境转换为其组成成份在特征和关系上具有确定性的情境，也即将前一种情境中的要素转换为一个统一的整体。（*LI*，LW12：108）

也就是说，不确定的情境给有机体带来了问题。通过致力于改变现有情境的行为来解决问题的行动就是探究。

如果探究能将有问题的情境（problematic situation）转换为"统一的整体"、"确定的情境"（*LI*，LW12：109），那它就是成功的。

因为探究通常被理解为生命体对有问题的情境所作出的反应，所以我们意识到，问题是多种多样的，因此探究也具有不同的层次。人们能够进行宏观地探究，如臭氧层减弱等全球性问题，或者进行局部的探究，如我忘记把汽车钥匙放在哪里了等琐碎问题。虽然不同的探究在对象和重要性上不同，但杜威认为所有成功的探究都遵循一种一般的模式。这种一般的模式可以被表述为五个步骤，它们是：

（1）困惑、混乱与怀疑，产生于这一事实，即人们处于一种其全部特征尚未确定的不完整的境遇中；

（2）推测性的预期——对给定的元素作试探性地解释，以影响某些结果；

（3）对手头的所有可定义与说明的问题的理由进行仔细地调查（检验、审察、探测与分析）；

（4）对试验性的假说进行详细阐述，以使其更加精确、更加连贯，从而与更大范围内的事实相一致；

（5）将所提出的假说视为一种可以应用于现存事态的行为方案，公开采取某种行动以实现预期的结果，并因此而检验上面的假说。（*DE*，MW9：157）[12]

　　杜威并不认为在每一次探究的过程中，人们都要采取上述五个步骤，也不认为这些步骤一定要按顺序进行。

　　不同的步骤可以"浓缩在一起"并相互启发（*HT*，MW6：238）。在某些时候，不同的步骤很容易区分，而在另外一些情况下它们则同时进行。

　　举一个例子也许有益于说明问题。在上一章中，我们将驾驶汽车作为说明杜威的经验概念的典型事例，因为很明显，它是与特定的条件所进行的动态的相互作用及持续的协调。现在我们假设您正驾车行驶在一个小镇的街道上。街的两旁都停满了车，把您的视线挡住了，使您看不到两旁的房屋。这是一个晴朗、温暖的日子，您正欣赏着收音机中播放的音乐。所有这些因素——停放的汽车、街道、房屋、天气状况、当时的具体时间以及您所欣赏的音乐等——都构成了您在驾驶时所处的情境。当然，我们可以继续列举一些构成情境的要素：交通法规、您的行车速度、您的情绪、汽车的重量、您的反应能力等等。请记住，杜威所说的"情境"指的是"周围的被经验化的世界"的"背景性整体"（*LI*，LW12：72）。因此我们对任何一种情境的描述都将变得很复杂。

　　正如我们所指出的，情境并不是毫无问题的——您在驾车时并没有考虑这一点，您是我们通常所说的"自动驾驶仪"。现在假设您看到远处有一个球突然滚到了街中，在这个特殊的情境中，球构成了一个不确定的因素，该情境变得"不确定、不安定和受阻了"（*LI*，LW12：109）。重要的是注意到"是情境本身具有这些特征","我们在怀疑是因为情境本身是可疑的"（*LI*，LW12：109）。这里的复杂性与困惑并不是我们思维的"内部"状态。在杜威看来，探究开始于世界与情境变得无序和不确定的时候。同样要注意的是，不确定性不是存在于物质的球的出现之中，毋宁说，它与该情境的某些社会特征相联系。球在街中意味着有孩子在玩球，而孩子们通常是不小心的。因为我们生活在一个看重孩子生命的社会中，所以人们想避免让车撞着了孩子。当然，我们也可以设想一个孩子们不玩球的社会，在这种情况下，球在街中就有了另外的含义，而且将变得毫无问题。

您可以这样来解释这个问题："孩子们正在玩球，球却跳开了，有一个孩子可能冲到街道里而没有注意到街上的交通状况。如果我不采取措施的话，我将冒撞着孩子的风险，而这是我想要避免的。"您会考察一下当时的情境。球离您的车已经不远了，如果您及时减速并等孩子经过的话，问题就能得到解决。于是，您以某种方式开始行动以改变当时的情境。例如，您可能踩下刹车，将视线集中到球跳出的方向上，也许您将调低收音机的音量，以听听孩子们玩耍的声音。注意，正是这些行为在改变着现有的情境。当您的汽车缓缓开过时，有一个孩子跑向了街中的球，取走了它，并转身回去玩了。您的假设已经被证实，不确定的情境被改变了，探究也停止了，您可以继续开车前行。

当然，在刚才所探讨的与之相类似的例子中，探究的不同阶段是可以分辨清楚的，因为不同的步骤都是根据事实来采取的。如果您曾经有过上述经验，您就会懂得事情的发生往往十分迅疾，人们意识不到该采取什么行动。考察一下另外一个例子，将使探究的不同步骤更为突出。

被我们称为"问题解答"（troubleshooting）的事件是说明探究的好例子。几天前，我试图打电话给一个朋友，我拿起了电话筒，但令我吃惊的是，电话里居然没有了拨号音。于是我遇到了一个问题，一个无序的情境。而且，这是一种特殊的问题——情境并非是一片混乱——该情境的问题出在我无法打电话了。我对该情境展开调查以发现问题的症结所在：我交过电话费了吗？是的。电话坏了吗？看起来又不是这样。我假设，话筒里之所以没有拨号音是因为电话的分机没有挂上。如果情况的确如此的话，我就应该到装分机的房中去，把话筒挂上，然后再拨电话。于是我就开始了初步的实验——我走到另一间房中，但发现话筒是挂好的。我的假设不对。

现在我遇到了新问题：电话里没有拨号音，而分机也挂上了。我对情境进行了误诊。我必须重新解释这一情境，探究又开始了。在这种情况下，探究的不同步骤是容易区分的。（1）当我拿起电话时，我有些吃惊：遇到了小麻烦；（2）几乎在一瞬间，我便对情境中有问题的要素作了解释：拨号音没有了；（3）我迅速地调查了导致这一问题的可能原因，我判定最合理的假设是电话的分机没有挂上；（4）我详细地考察了这一假设，意识到如果分机没有挂上的话，我应到另外一间房中去把它挂上，拨号音就可以恢复了；（5）于是我就根据这一假设行动了，在这样做的过程中，我对假设进行了检验。我走到另一间房中，发现分机挂上了。这个实验否定了我的假设。我返回步骤（2）——我重新对情境作出解释——继续进行探究。

上面对于探究的讨论也许显得过于常识化，引不起哲学上的关注。回忆一下杜威对于"我们所接受的哲学的价值所进行的检验"（*EN*，LW1：18），我们意识到杜威想提出这样一种认识论，它能把握住经验中普通的、共同的解决问题的事例。然而，我们所熟悉的探究方式并不意味着杜威的设想缺乏哲学内涵。杜威的理论在内涵上是丰富的。我们接下来将讨论这一点。

实验理论的特征

杜威理论的最重要的特征存在于我们曾经指出过的一个术语，即"实验性的认知理论"中。在杜威看来，认识论所关心的不是"知识"，而是认知，是对有问题的情境所作出的改变行动，是一种"探究"过程。探究对有问题的情境作出回应，其目标是解决问题，是改变情境。相应地，探究就是在不确定的情境中提出假设并开展实验性操作的事件。在作出假设之前，无法保证所提出的解决方案一定会成功地恢复情境的秩序。在拨电话的这个事例中，假设就在解决问题的过程中被否定了。因此，作为探究的认知在本质上是实验性的。在探究中，假设通过实验行为来检验。失败的假设被修改或被放弃，成功的假设则被证实了，但并不被接受为对"真理"所作出的固定的、永恒的表述。成功的假设被认为可以"保证"对进一步探究的引导，因而通常是可以修改的、可错的，需要经过未来探究的检验。⑬

在这个意义上，实验性的认知理论是与科学实践相一致的。正如您所意识到的，探究的方式类似于科学方法的标准形式。有必要注意到，在杜威看来，科学是日常探究的延续。我们在第三章中可以看到，杜威认为，那种人们穿着白大褂在实验室进行复杂操作意义上的"科学"是一种更为基本的活动的延续，这种活动起源于艺术家和工匠的行为。

这样，从知识的旁观者理论向实验性的认知理论的转换，就包含了一系列重要的概念变化。对实验论者们来说，认知不是感受实在的一种精神状态。实验主义者们不认为知识"符合旁观者观看已完成的作品的模式"，而是认为认知包含在一种被控制的行为之中，这种行为与"艺术家的创作"是有联系的（*RP*，MW12：150）。因此，认知是一种技巧，一种引导和控制情境的能力。拥有知识即能够做某事。特别地，它所指的是一种引起"世界发生某些确定变化"（*DE*，MW9：158）的行为能力，这种行为能使情境发展通向所预期的结果。

而且，与传统认识论者们不同的是，实验主义者们不把知识的对象理解为固定不变的"外部世界"，而是意识到

"认知者自身就处在世界之中"，因此探究"使得不同的存在者之间发生互动"，并"对现实世界进行重新引导和安排"（*QC*，LW4：235-236）。也就是说，"知识的对象"不是固定的外部实在，而是改变了的情境。⑲因此，成功探究的结果就不是传统意义上的知识，而是被证实了的假设，"被确保的论断"，以及能成功探究未来且不断增长的能力。杜威把这种能力称为"智力"。

实验理论的目标

实验主义的核心特征是它放弃了知识自身具有某种自足目的的传统观念。从实验主义的角度看，认知通常是一种在经验中解决问题的实践行为，认知的价值因而是工具性的。因此，探究的理论就有了自己的目标，即在杜威改造方案的一般背景之下展开工作，这种方案的目的在于将哲学的关注点从传统之谜引向"人的问题"。

探究的理论在哲学改造的过程中处于关键的地位。因为认知被理解为采用合适的方法来解决问题，所以探究的一般模式也可以被应用于道德与社会问题。在杜威看来，

> ……改造（在这个词的字面意义上）不仅仅是一种形成、创造和发展智力手段的工作，这种工作逐步将探究引入当前情境中深刻的、包括人在内的——也就是说，道德的——事实。（*RP*，MW12：269）

知识的旁观者理论有一个特点，即认为人的价值的问题超越了科学探究的范围。然而一旦放弃了旁观者理论而采用实验理论，我们就发现没有理由对探究的能力作出这种限制。改造的最后一步是将试验性的探究应用于与价值有关的问题。在一篇著名的文章中，杜威写道：

> 一个前所未有的时代即将来临，处于这一时代的我们应当努力运用各种方法来自如形成物质观念，即使对那些人类最疏远的观念而言也是这样，但应满足于这样一些偶然的信念，这些信念与引发我们最大兴趣的对象的性质有关；我们在掌握构成自然对象之观念的方法时要慎重，而在形成价值观时也不要变得教条化。（*QC*，LW4：214）

在下一章中，我们将考察杜威是如何将实验性的探究应用于道德问题的。

本章概要

认识论的种种谜团曾经是哲学史上最有吸引力的游戏。杜威概括了传统认识论学派共同的知识概念，并对它进行了反驳。这一被杜威称为"知识的旁观者理论"的概念，将知识理解为孤独心灵对固定的外部实体的确切把握。杜威拒绝了这种旁观者理论，理由是它建立在一种古老过时

的心理学理论的基础上。根据这种理论，心灵是世界信息
的被动接受器。杜威认为，生物学的最新发展使得旁观者
理论站不住脚了，认知者在本质上不是一种孤独的心灵，
而是处于环境之中并通过环境而得以生存的有机体。一种
经过改造的认识论就这样被提了出来。

对于经杜威改造的认识论的最好描述也许是"实验性
的认知理论"。在杜威看来，认知并不存在于孤独旁观者的
被动理解中，而表现为生命体对有问题的情境的回应能力。
这种能动地回应问题的过程被杜威称作"探究"。根据实验
理论，认知存在于有机体进行成功探究的能力之中。接下
来，我们将探讨杜威如何将实验理论应用于道德问题。

注 释：

① 这一论证是由古代怀疑论者塞克图斯·恩培里克所提出的，它
通常被称为"证据的问题"。参见《皮洛主义概览》（坎布里
奇：哈佛大学出版社，1976 年版）一书。

② 对怀疑论感兴趣的读者可以参考理查德·帕普金的《怀疑论史》
一书（伯克利：加州大学出版社，1979 年版）。

③ 类似的方法可以在路德维希·维特根斯坦的《论确定性》（纽
约：哈珀出版社，1972 年版）一书中找到。

④ 参见杜威发表于 1909 年的论文《知识的实验理论》（MW3）以
及他的《实验逻辑学文集》一书的《导论》（MW10）；也可参
见赫斯特与塔利斯编：《杜威的实验逻辑学论文集》一书。

⑤ 由于持这样一种元哲学的原则，即哲学观念源于文化传统，杜
威认为旁观者理论的根源是这样一种神学观，即人的心灵是

"这个世界中的陌生人与朝圣者"（MW10：25）。

⑥ 重复一下在第三章中讨论过的柏拉图的论证：实在以及知识的对象都是不变的和永恒的。

⑦ 理查德·罗蒂在攻击认识论时，不断在杜威那里寻找支持。例如，可以参见罗蒂的《作为团结的科学》一文（载于罗蒂的《客观性、相对主义与真理》一书，剑桥：剑桥大学出版社，1991 年版）。一些人认为罗蒂对杜威的解读忽略了后者为哲学恢复名誉所作的努力。詹姆士·哥因洛克的《何为工具主义的遗产》［载萨特坎普编：《罗蒂与实用主义》（同上）］一书对当前的争论进行了清晰的探讨。

⑧ 柏拉图经常将他的理念世界表征为"不可见的"世界。在《理想国》一书有名的"分界线"中，"可理解的"领域是高于并针对"可见的"领域的。

⑨ 在《哲学的改造》一书中，杜威将弗朗西斯·培根（1561—1626 年）视为"现代思想的真正奠基人"（*RP*，MW12：95）以及"实验主义知识概念的预言者"（*RP*，MW12：100）。培根最有名的主张是"知识就是力量"。

⑩ 这一方法为当代著名的哲学家 W. V. 蒯因所采用。参见蒯因：《自然化认识论》一文（载于《本体论的相对性及其他论文》一书，纽约：哥伦比亚大学出版社，1969 年版）。当前涉及蒯因对杜威方法之引用的争论主要体现在希拉里·科恩布里茨所编《认识论的自然化》一书中（马萨诸塞：麻省理工学院出版社，1985 年版）。

⑪ 杜威在 1938 年发表的《逻辑：探究的理论》一书中充分发展了他的理论。该书是一本令人生畏的书，我们在这里只能对杜威的观点作出最基本的说明。

⑫ 比较《我们如何思维》（MW6：236-237）、《我们如何思维》
（LW8：200-209）以及《逻辑：探究的理论》（LW12：109-
122）中的说法。

⑬ 在《逻辑：探究的理论》一书中，杜威使用"被确保的断言
性"（warranted assertability）这一术语来代替传统认识论的"知
识"与"真理"（*LI*，LW12：15-17）。

⑭ 杜威关于认知的行为建构其对象的说法，在许多评论家看来是
矛盾的。我们在这里不能考察这种观点。乔治·笛克的《杜威
的认知理论》（费城：哲学专题出版社，1976 年版）一书以及
H. S. 萨耶尔的《知识的对象》（载于约翰·斯图尔编的《哲学
与文化的改造》一书，奥尔巴尼：桑尼出版社，1993 年版）一
文对杜威认识论的这一方面进行了最好的分析。

5 改造社会

> 现代生活中最深层次的问题是，在人们对于自身所处的世界的信念以及对于引导其行为的价值与目的的信念之间恢复协调与统一。这是任何一种不想与生活隔绝的哲学所要解决的问题。(*QC*, LW4: 204)

杜威关于经验与认知的观点构成了他的哲学的核心。在说明这些观点时，我们颇费了一番周折。看来，除了介绍杜威关于哲学必须触及"人的问题"这一观点之外，我们至今尚未讨论人的问题及其理论基础。但是，现在讨论这一问题的时机成熟了，我们至少准备考察经杜威改造后的哲学在道德与政治方面的内涵。哲学家们通常在道德哲学（更正式的名称是"伦理学"）与政治哲学之间作出明确的区分。在他们看来，伦理学所涉及的是个体如何行动的问题，而政治哲学则涉及国家权力的问题。但在杜威看来，道德与政治是同一个问题，共同体（community）问题的两个方面。将两个方面分开来讨论是不适当的。

改造道德理论

内在之物与外在之物

在本书的研究中，我们已经多次遇到了在完美的存在领域和经验世界之间所作出的二元论。前者被视为非物质性的、不变的，可以通过理性来把握；后者则被视为不完美的、物质性的以及腐朽的。正如人们所设想的那样，这种基本的分裂也存在于道德理论之中。与前面所讨论的形而上学的和认识论上的二元论相适应，现代哲学也创造了两种相互对立的道德理论。相应地，我们可以根据"内在之物"与"外在之物"这一基本的二元论来讨论传统的道德理论（*DE*，MW9：356ff.）。伊曼努尔·康德（1724—1804 年）是传统道德理论中持"内在"立场的典型人物。在康德看来，人类的意志——也即意志的原则、行为的源泉和发动者——是道德评价的最终对象。在《道德形而上学基础》①一书的开始，康德有这样一个著名的论断："除了善良意志之外，在这个世间——事实上即使是在这个世界之外——那种不经限制而称得上善的事物是不可理解的。"（9）他进一步指出，意志的善不存在于引导行为实现正确目的的能力中，善良意志"自身"即是善的。康德就此写道：

> 善良意志之所以不是善的，是因为它所影响者或所完成者或它实现某种设想的目标的能力而导致的；它之所以是善的，只是因为它的自愿……（10）

也就是说，善良意志的善并不来源于行为所产生的后果，而只来源于其自愿性的德行。更简单一点说，如果这种自愿是由正确的动机所决定的话，这种意志就是善的。在康德看来，如果意志服从于通过非经验的纯粹理性来理解的先验道德律令的话，它的动机就是正确的。

因此，康德理论的"内在"特征——意志及其动机，就像康德所理解的那样，是一种精神现象。[②]它们是不可观察的，对它们的评价也与它们所产生的、可观察的行为无关。用康德的话说，道德评价与"人们所看得到的行为"无关，而与"人们看不到的行为的内在准则有关"（23）。

我们对这样一种将道德评价的对象置于观察之外的道德理论表示怀疑，尤其是，这种理论意味着人们无法了解自身意志与自身的"内在准则"的特性。如果意志的善仅仅表现在它基于适当的动机，如果这种动机又是不可观察的，那么人们就不可能知道自己是否具有善良意志，因此也不清楚人们是否曾经按照道德来行动。[③]看来，这种理论并不能为行为提供合适的导向。[④]

约翰·斯图亚特·密尔（1806—1873年）的功利主义

是强调"外在"倾向的道德理论的典型代表。⑤与康德的理论不同，功利主义将道德评价的对象放入"外在"的经验世界之中，根据行为产生特定效果的能力来对行为作出评价。密尔指出："当行为能增进幸福时，它就是恰当的；当它产生了与幸福相反的效果时，它就是错误的。"（7）在功利主义者的眼中，人们应该采取能使幸福最大化的行为。当然，除非我们搞清楚"幸福"是什么，否则这一原则就没有多大的启发性。功利主义者认为，幸福存在于"快乐与没有痛苦"中（7）。因为无论承受者是谁，痛苦总是坏的，而无论享受者是谁，快乐却总是好的，所以功利主义要求人们使世间的全部快乐最大化，而使全部痛苦最小化。因此，功利主义提出了"最大幸福的原则"：人们应当采取能为尽可能多的人带来最大幸福的行为。

这样，功利主义者就不认为价值存在于先验的、理性的领域以及"内在准则"中，而是存在于世间愿望的满足程度中。就功利主义是经验性的这点而言，它对于康德的理论是一种发展。但是，这一理论也隐含着困难。在功利主义者看来，我们每一个人最终都希望"幸福"、快乐而没有痛苦，因此，他们把愿望的满足——快乐的产物——视为行为之适当的道德目标。但是，这种观点使我们的特殊愿望，也即我们认为可以带来快乐的行为脱离了道德评价的约束。既然可以根据行为带来的满足程度而对行为实施道德评价，那么在这种理论中就缺少一种评价这种特殊愿望的机制。我们将会发现，有一些事情本身不是悦人心意的，尽管某些人甚至是大多数人都从中得到了快乐。某些人希望干坏事，他们从错误的动机出发来取乐。某些愿望本身是不该希望的，某些人愿意干那些他们本不应该起念头的事。功利主义者没能意识到人们事实上希望做的事与有益于人们的事之间存在着区别。⑥

因此，上述两种道德理论都是不可接受的。一旦人们意识到道德的"内在"理论和"外在"理论都建立在一个必须放弃的基础之上，改造就开始了（*RP*，MW12：172）。首先，我们注意到传统理论潜在地在"内在的"、心理性的动机世界和"外在的"、物理性的行为世界之间确立了一种假想的二元论。这种二元论运用"内在"理论在理性的先验能力的不可观察的、非经验的世界内部确立道德评价的目标；而用"外在"理论将道德价值与现有愿望的满足联系起来，而不管这种愿望是什么。结果，道德理论总是在以下两种理论之间摇摆不定：

> ……一种理论希望保持价值判断的客观性，将这些判断与经验和自然隔绝开来；另一种理论希望保持具体的人的意义，将这种意义降格为对我们的种种感受的陈述。（*QC*，LW4：210）

导致这一事态的二元论是一种不再为人接受的心理学理论的产物。改造后的道德理论必须从生命体开始。相应地，我们不能维持在行为的"内在"要素与其"外在"表现之间所作的二元论。相反，我们要从动机与行为的连续性、从有机体与其生存环境的统一开始。那种所谓的对行为起决定作用的"内在准则"并非独立于或先于行动，它们是在先前的经验与行动中产生的习惯和部署。因此，那种假想的"内在之物"与"外在之物"之间的二元论是误导性的，在生命体的经验中行为与习惯之间具有连续性。再重申一次，生命体的行为表现出"环"的特征，习惯是对先前行为所产生的惯常的反应模式，当前的行为是由习惯所引导的。但是，习惯并不是稳定不变的，它们是可变的，可以在行动中得以改变。

传统理论所共有的第二个特征也必须被放弃。传统伦理学理论认为他们的"任务在于发现某种最终的目的或最终的善或某种终极的、最高的律令"。康德主义与功利主义都从终极的道德善，从哲学家们所谓的"至善"（summum bonum）、"最高的善"这一概念开始。在康德看来，善就是服从于理性的意志；在密尔看来，善就是对愿望的满足。而对两者看来，至善是固有的、终极的。杜威对此问道：

　　那种单一的、最后的、终极的……信念难道不是已在历史上消失了的封建组织的智力产品吗？难道不是那种在自然科学中消失了的被视为高于运动的有限的、被规范的宇宙的智力产品吗？（*RP*，MW12：172-173）

至善概念是哲学寻求不变性、试图在科学面前保护传统的另一个例证。

杜威坚持认为，伦理学不能从某种固有的、最终的至善概念开始。反之，它必须从生命体的实际经验开始。从这个视角来看，

> ……我们增进了两种信念，一是变化、运动、个体的善与目标都具有多样性，一是种种准则、标准与律令都是用于分析个体的、唯一的情境的智力工具……（*RP*，MW12：173）

从经验及有机体与周边动态环境的互动开始的道德理论，放弃了确立至善、终极的道德目的或目标的方案，而将考察在现有情境中生命体如何通过与周围环境的互动来实现——也就是说，来"建构"⑦——善作为自己的研究对象。最简单地说，改造后的伦理学必须变为实验性的，它必须将科学方法运用于人类价值的问题。

实验性的道德理论

关于我们必须在道德哲学中采用科学方法的建议，在某些人看来是十分粗俗的："这种在社会事务中频繁采用实验方法的观念……因其放弃了所有标准的、规范性的权威而打击了大多数人。"（*QC*，LW4：218）这种反应的证据是"关于价值问题的信念大都基于这样一种立场，即关于

自然的信念在科学革命以前就存在了"（*QC*，LW4：204）。一旦人们意识到实验方法是一种调节过程的话，那种关于哲学不能以科学为基础的说法就是不成立的。实验主义"并不注重随机性和无目的的行为，它通过观念与知识来指引方向"（*QC*，LW4：218）。

如同其认识论一样，有问题的情境这一概念构成了杜威道德理论的基础。实验理论意识到，道德思考产生于在道德上出现问题的情境。正如我们在前一章中所讨论的那样，"情境"这一术语表示人类所处的物理的与社会的背景（*LI*，LW12：48）。我们不仅生活在一个由物质对象与机械力构成的世界中，种种社会要素——价值、风俗与习惯等——也在这个世界中起作用。相应地，正如情境可以在物理上受阻和不确定一样，也存在道德要素与价值失范的情境。

在这类情境中，"在采取明确行动之前要求进行判断与选择"，因为"存在着相互冲突的愿望以及在表面上不同的善"。这些情境要素与无法相互满足的价值是冲突的。我们感受到相互冲突的价值所带来的压力并困惑起来，"情境的实践含义……并不具有自明性"。我们必须采取某种行动，但任何一种行为都将实现某种特殊的善而压抑其他的善，"需要找到正确的行动路线和正确的善"（*RP*，MW12：173）。像在物理上有问题的情境一样，对道德上有问题的情境也要求进行探究。虽然道德探究的素材不同，但所有的探究都具有一种基本形式。杜威这样来描述道德探究的特征：

> ……对情境的具体构成进行观察，对其分散的要
> 素进行分析，澄清模糊之处，对更持久和鲜明的特征
> 进行预测，考察显示其自身的不同行为方式的结果，
> 在预期或假设的有可能被采用的结果与实际的结果相
> 一致之前，将所作出的决定视为假设性的和实验性的。
> (*RP*，MW12：173)

道德探究是解决在道德上有问题的情境中的冲突的过
程。正如每一个在物理上有问题的情境是唯一的一样，每
一种道德情境也具有"其自身无法取代的善"。因此，"道
德不是一种行为的范畴或一套像药方或烹饪大全一样被应
用的原则"(*RP*，MW12：177)，"道德是一个持续的过程，
而不是一种固有的成就"(*HN*，MW14：194)。成功的道德
探究的结果不是固定的道德律，而是一种假设，一种确保
人们可以在未来探究中运用的工具。

看来，科学探究与道德探究之间的一致性在这一点上
将被打破。虽然科学探究的成功表现为其有效地使有问题
的情境恢复了秩序，但道德探究的成功却不仅仅表现为其
有效性。显然，关于道德问题最有利与最有效的解决方式，
并不必然是在道德上最合理的解决方式。关于道德上有问
题的情境的解决方式，一定还存在另外的评价标准。

事实的确如此。像对物理事件的探究一样，对为道德

情境所提出的解决方式的评价不仅依据其解决手头问题的能力，而且依据其避免进一步的困难的潜能。如果在解决当前问题的过程中，道德探究导致了更坏问题的产生，那它就失败了。道德探究的成功不仅表现为它解决当前问题的程度，而且表现为它为行为人在未来能更好地行动而提供的条件。这一标准被杜威称为"成长"（growth）。

因此，道德探究的"目的"不是某种外在的"善"或固有的法则，"成长自身是唯一的道德'目的'"。成长不是结局意义上的"目的"，它是对我们的习惯进行"不断完善、培养和提升的过程"（*RP*，MW12：181）。成长是一个进步的概念。人们不再根据对与经验无关的价值标准的服从，或者根据对传统习俗的遵从来理解道德。杜威就此写道：

> 坏人就是那种不管他以前有多好，但开始恶化，变得不够好的人；好人则是那种不管他以前在道德上多么无价值，但正在向好的方向发展的人。（*RP*，MW12：180-181）

通过这种方法，实验主义使得道德评价的材料成为预期性的。

作为社会革新的道德探究

当生命体与道德上有问题的情境相遇时，道德探究就产生了。构成情境之有问题特征的相互冲突的价值是社会的产物，它们是行为人从共同体中继承下来的习惯和传统。关于道德问题的经验是打破人们的社会继承的经验。当现有的习惯不适宜于应对情境时问题就产生了，存在着我们不知如何回应的冲突，习惯性的回应方式将不再有效。因此，我们要求将以往所产生的风俗与习惯置于新经验的检验之中。

实验伦理学要求我们对所继承的风俗与习惯作工具性的理解——它们是尝试性的假设、工具以及以前探究的产物。作为一种科学假说，习惯的价值存在于它引导进一步实践的能力中。于是，道德探究就从产生于过去的习惯和风俗开始。但是，因为探究是关于有问题情境的一种决定，所以它以新情境及被修改的习惯和风俗为结束。实验性的道德探究只能在特定的社会进行，而成长也只能在这样的社会中发生。为了着手进行道德探究，社会就不能顽固地坚持自身的传统，它不能教条性地将现有的价值视为必须遵从的、固定的、最终的命令，反之，它自身必须是进步的、变革的、成长的和改造的。用杜威的话来说，道德探究与成长只有在民主社会中才能成为现实。

作为生活方式的民主

民主的概念比作为例证的最好的国家的概念更为

广泛和丰富。为了实现民主，必须触及所有的社会联
系方式，如家庭、学校、工厂和宗教等。（*PP*，LW2：
325）

我们通常认为民主是某种政府组织形式，通过这种形
式，普通公众选举出他们的管理者。这种政府组织形式进
而意味着一系列的程序与机构：定期的公开选举、普选权、
出版自由、政党，等等。因此，民主通常被等同于它的程
序工具。我们仅仅把民主理解为一个"政治概念"，一种国
家形式（*PP*，LW2：325）。杜威相信，如果我们这样来理
解民主的话，我们就误解了它的本质含义。杜威提出了一
种"更广泛和丰富"的民主概念。根据这一概念，国家及
与之相适应的工具"不是民主的全部"（*PP*，LW2：327）。
在杜威看来，民主的政治机构不是"最终的目的和价值"，
毋宁说，它们是实现"一种真正人道的生活方式"的方法
（LW11：218）。⑧也就是说，民主在本质上是一个"社会概
念"（*PP*，LW2：218），"一种相互联系的生活方式"（*DE*，
MW9：93）。简而言之，民主是一种共同体形式，一种生活
方式。

哪一种共同体是民主的？共同体不是简单的"在物理
上比邻而居"的一群人，而是在"目标、信念、渴望和知
识"等方面共享的一群人（*DE*，MW9：7），他们协调性地
参与群体的共同生活，他们有意识地"分享经验"。在这个
意义上，民主是"共同体生活本身这一概念"。"关于共同

体生活的明确意识，构成了民主概念的全部含义"（*PP*，
LW2：328）。因此，我们"从民主概念的一般社会意义中
推出了它的本质"：

> 从个体的立场上看，它表现为共享形成和引导人
> 们所归属的群体之行为的能力，以及根据群体所坚持
> 的价值的需要所进行的参与。从群体的立场上来看，
> 它要求解放群体成员的潜能以适应他们的共同利益和
> 善。（*PP*，LW2：327-328）

于是，民主共同体的本质就是个体对引导和形成共同
体行为与价值的活动的参与。在这样的共同体中，作为过
去的过去与作为传统的传统没有最终的权威，民主共同体
是持续地、协调地提炼其价值，并重新引导其习俗以提高
成长程度的共同体。通过个体的参与，个体和共同体都得
到了成长。人们可以共享更多的利益，"人们所共同关注的
领域更广了，个体能力也得到了解放"（*DE*，MW9：93）。

民主首先存在于最局部的人类联系之中。民主不是从
国家开始的。反之，"民主必须从家庭开始，家庭是互为邻
居的共同体"（*PP*，LW2：368）。正如杜威在1939年写的
《创造性的民主——我们所面临的任务》一文中所指出的，
民主并不存在于外在的程序之中，而是"存在于人们在日
常生活的所有事件与关系中相互表现的态度之中"（LW14：
226）。杜威继续写道：

……民主的核心和最终保证是邻居们聚集在街头巷末反复讨论所读到的未受检查的当日新闻，以及朋友们聚集在起居室与公寓中自由地相互反驳。（LW14：227）

民主是人类联系的一种形式，是一种生活方式——它包括个体对讨论、辩论、政治审议的积极参与。它"在本质上是一种合作性的承诺，依赖于说服、说服的能力和通过理性而被说服"（MW10：404）。

民主要求我们对共同关注和长期参与的商谈（discourse）及合理的辩论进行集体探究。有了这一要求，"民主的道路对人们来说就是艰难的"，因为它"向最大多数人施加了责任这一负担"（*FC*，LW13：154）。除此之外，民主还要求我们进行特定的商谈以及参与特定的审议活动。在民主的商谈中，人们只能根据所收集的用以支持自己的论据来对观点进行发展与检验。商谈所作的结论与决定都只能被视为尝试性的假设与行为的提议，必须接受未来经验的检验以及修正。社会地位与声望在这里与修辞技巧一样是与商谈无关的。⑨换言之，"民主的未来与科学态度的传播相伴随"（*FC*，LW13：168）。民主的生活方式要求我们根据科学的实验方法来确立公共商谈的模式。尤为重要的是，我们必须采取科学探究的"态度"和"勇气"，杜威将这一点表述为：

一些明显的因素是：愿意将信念悬置起来，在获得证据之前保持怀疑的能力；愿意依据证据来行动，而不是首先作出带个人偏好的结论；保持结论中的观点并将它们当成待检验的假设来使用，而不是将它们视为待表明的教条，以及……乐于寻找新的探究领域和新的问题。（*FC*，LW13：166）

民主要求我们"改进辩论、讨论及说服他人的条件与方法"（*PP*，LW2：365）。当时，杜威已经注意到了媒体通过宣传和创造"伪公意"（pseudo-public opinion）而"从内部破坏民主"这种日益增长的力量（*FC*，LW13：168）。⑩今天，对于公共审议的问题我们很难比杜威乐观。⑪但杜威仍然坚持认为，民主作为一种生活方式赋予人们"对于人类能力的信心，对于人类智慧及其共享的、合作性的经验之力量的信心"（LW11：219）。接受这一点就是意识到，在实现民主生活方式时所面临的障碍就存在于"我们自己的机构和态度之中"。"为追求民主而进行的斗争"，杜威写道：

……只有这样才能取得胜利，即更广泛地推广民主的方法、磋商的方法、劝说、谈判、交流和合作等的应用，以使我们的政治、工业、教育及一般意义上的文化为我们所用，并成为民主思想的体现。（*FC*，LW13：187）

在杜威看来，只有在所有的社会机构与社会联系中采用与扩展民主态度与实验方法，民主的生活方式才能实现。当前，我们的工厂、学校与公共空间都为教条主义和权威主义所统治，我们的政治理念与社会理想都经过了市场图像及有害的口号和噪音的预先包装。在这一意义上，人们应该提倡批判性地探究及审议性地讨论对于发展民主的必要性——过去我们总是被告知"只管去做"（但做什么?）或保证服从某种外部的权力。

为了进一步实现民主的设想，我们必须改造和修复现有的社会条件。我们的学校不应再成为供人们从中获取机械技能的职业培训的中心，而应成为合作性的探究（在这一术语最完整的意义上）的中心。类似地，我们的工厂也必须从根据利益管理理论而建立的等级制的权力结构，转变为合作与共享的工作场所。同样，我们的家庭及其成员，也必须表现出民主共同体的性质。最后，我们每一个人都必须尽力将实验性的探究方法应用于自己的生活、所承担的义务以及信念和价值之中，而且必须以协商的精神来充实我们与他人的关系。

本章概要

现代道德哲学在"内在"的动机与"外在"的行为之间建立了二元论。从生命体的立场上看，这种二元论是站不住脚的。杜威提出了一种强调道德探究过程的实验伦理学。在遇到包含价值冲突的情境时，生命体即进行道德探究，解决道德问题的过程遵从第五章中所讨论的一般的探究模式。

根据杜威的理论，道德涉及提炼、修改与更正从社会中所继承的行为方式。行为人的"成长"体现在其探究能力上，这种能力有助于形成与巩固对未来行为起积极作用的习惯。因此，道德探究就包含对社会实践和社会习俗的逐步改造。这种探究只有在一个将成长视为进步理念的共同体中才能进行。民主就是这种共同体的理念。

"民主"这一术语并不只表示一系列相似的政治程序，民主更应是一种生活方式。民主生活方式的含义在于将实验性探究与合作性、批判性商谈的方法应用于人类的联系之中。因此，民主作为一种生活方式，是通过对社会机构的民主改造而促进每个个体成长的长期计划。

注 释：

① 对康德的引用均出自《道德形而上学基础》一书（纽约：麦克米兰出版公司，1985 年版）。

② 更确切地说，它们是先验的或"本体的"（noumenal）。

③ 康德表示："我们关注那些在这个世界上也许还没有先例的行为……"（24）

④ 关于这种批评，可以参见黑格尔：《精神现象学》（牛津：牛津大学出版社，1977 年版），第 365 页及以下。

⑤ 对密尔的引用来自《功利主义》一书（印第安那波利斯：哈克特出版社，1979 年版）。

⑥ 因此密尔指出："……可能提供的唯一证据是，任何值得想望的东西就是人们事实上在想望的东西。"（34）请比较一下杜威的说法："某物被想望这一事实仅仅产生了它的可想望性的问题，而没有解决这个问题"（*QC*，LW4：208）。

⑦ 杜威道德哲学中最重要的论述之一存在于《确定性的探究》一书的第 10 章，标题为《善的建构》（*QC*，LW4：203–228）。

⑧ 以上引文出自杜威 1937 年的演讲：《民主与教育管理》（LW11：217–225）。

⑨ 关于对杜威的这一观点所作的最佳表述，可参见悉尼·胡克的《民主的生活方式》一文，载于其《理性，社会神话和民主》一书（卡本德尔：南伊利诺斯大学出版社，1980 年版），以及其《论辩伦理学》一文，载于其《哲学与公共政策》一书（卡本德尔：南伊利诺斯大学出版社，1980 年版）。

⑩ 也可参见《自由与文化》（LW13：156）和《公众及其问题》（LW2：348–349）两文。

⑪ 例如，关于对媒体与宣传的当代分析，可以参见爱德华·赫曼和诺尔姆·乔姆斯基所著的《制造赞同》（纽约：潘思恩出版社，1988 年版）、道格拉斯·克尔内尔的《电视与民主的危机》（科罗拉多：韦斯特维尤出版社，1990 年版）以及本亚明·佩基的《谁在审议?》（伊利诺斯：芝加哥大学出版社，1998 年版）等书。

6　一个预见性的结论

说一种结论是预见性的（prospective）或前瞻性的似乎有些矛盾。本书的结论的确是在总结前文的基础上作出的。一般而言，任何对杜威思想的研究都不会有结论。与民主本身不同，杜威的哲学是一项持续发展的规划，一个成长的过程，一种对于我们能变成什么样子的问题的预见。

因此，杜威的成就并不体现在他的学术著作中，而是体现在他自身作为范例的力量中。按照杜威的示范来生活，就不仅仅包括学习他的著作和就他的观点发表学术论文和著作（就像本书一样）。这些行为充其量能承担唤起他人理解杜威观点的中介职能。最坏的情况（也是最常见的情况）是，它们成了对杜威哲学规划的一种舒适的、安全的取代。

杜威所提供的示范要求人们尽其一生的力量，将民主的智慧应用到人类联系的每一个环节中去。正因为当前主宰我们生活的社会机构——我们的学校、我们的工厂、我们的家庭等——通常都是反民主的,我们的使命才是不容易实现的。我们所面临的任务要求我们具有种种优点:勇气、团结、诚实与奉献等等。也许最难做到的要求是,在面对分歧和反对时愿意与他人合作,具有为了实现理想而不懈努力的力量,以及从四分五裂的现实出发实现可共享的未来的动力。当然,灵感对于这一规划也是必要的,它甚至是取得可能的成功的信心所在。

在不久的将来,您也许会到佛蒙特省的柏林顿镇去。如果是这样的话,您不妨到大学区去参观一下伊拉·爱伦礼拜堂(Ira Allen Chapel)。虽然它最初被用来提供宗教服务,但现在已经成为一个举办公共讲演、音乐会和其他社会活动的中心。它在很多方面都适宜于作为纪念杜威的场所。最适于标记约翰·杜威余生足迹的是他发表于1934年的作品《一种共同的信念》。以下这段完整的引文也许可以最好地体现杜威对人类共同体、对我们的信心:

> 我们现在是作为与自然发生互动的人类的一部分而活着。在文明中我们最引以自豪的东西并不是我们自己,它们表现为我们所维系的人类共同体在行动与经历中显示的智慧。我们的责任在于保留、转化、调整与弘扬我们所接受的价值遗产,并使这种遗产在我们的后人那里变得更纯粹、更安全、得到更广泛的认同与共享。这是一种不应有教派、阶级和种族限制的

宗教信仰的全部要素。这种信仰通常就是内在的、人类的共同信仰。我们仍然有责任使这一信仰变得明确和富有战斗性。(*CF*，LW9：57-58)

关于进一步阅读的建议

下面将给出关于杜威著作的完整的目录信息（A 部分）。我还将给出关于杜威著作的标准文选的信息（B 部分）。有关约翰·杜威的研究论文堆积成山，且仍然在以惊人的速度增长。在 C 部分，我将提供一些更易理解的第二手资料。这份名单并不试图包括所有最近的研究成果，而且，除了一个例外，我所建议阅读的文本都仅限于至今仍在印刷的书籍。那些对于杜威思想更前沿的研究以及涉及其他哲学家的相关文本已经在尾注中标明了，这里不再赘述。

A. 杜威著作的权威版本

约翰·杜威：《约翰·杜威早期著作集，1882—1898》，安·波伊斯敦编，5 卷本，卡本德尔：南伊利诺斯大学出版社，1969—1972 年。(Dewey, John. *The Early Works of John Dewey*, 1882–1898. Edited by Jo Ann Boydston. 5 vols. Carbondale: Southern Illinois University Press, 1969–1972.)

约翰·杜威：《约翰·杜威中期著作集，1899—1924》，安·波伊斯敦编，15 卷本，卡本德尔：南伊利诺斯大学出版社，1976—1983 年。(Dewey, John. *The Middle Works of John Dewey*, 1899–1924. Edited by Jo Ann Boydston. 15 vols. Carbondale: Southern Illinois University Press, 1976–1983.)

约翰·杜威：《约翰·杜威晚期著作集，1925—1953》，安·波伊斯敦编，17 卷本，卡本德尔：南伊利诺斯大学出版社，1981—1990 年。(Dewey, John. *The Later Works of John Dewey*, 1925–1953. Edited by Jo Ann Boydston. 17 vols. Carbondale: Southern Illinois University Press, 1981–1990.)

B. 杜威著作的修订文集

莱利·海克曼与托马斯·亚历山大编：《杜威著作的必读书目》，2 卷本。印地安那：印地安那大学出版社，1998 年版。(Hickman, Larry and Alexander, Thomas, eds. *The Essential Dewey*. 2 vols. Indiana: Indiana University Press, 1998.)

约翰·迈克德默特编：《约翰·杜威的哲学》。伊利诺斯：芝加哥大学出版社，1973 年版。(McDermott, John, ed. *The Philosophy of John Dewey*. Illinois: University of Chicago Press, 1973.)

C. 推荐阅读的第二手资料

传记类

乔治·迪克惠岑:《约翰·杜威的生活与思想》。伊利诺斯: 南伊利诺斯大学出版社, 1973 年版。(Dykhuizen, George. *The Life and Mind of John Dewey*. Illinois: Southern Illinois University Press, 1973.)

史蒂芬·洛克菲勒:《约翰·杜威: 宗教信仰与民主的人道主义》。纽约: 哥伦比亚大学出版社, 1991 年版。(Rockefeller, Stephen. *John Dewey: Religious Faith and Democratic Humanism.* New York: Columbia University Press, 1991.)

爱伦·莱安:《约翰·杜威与美国自由主义的高潮》。纽约: W. W. 诺顿出版社, 1995 年版。(Ryan, Alan. *John Dewey and the High Tide of American Liberalism.* New York: W. W. Norton, 1995.)

罗伯特·威斯特布鲁克:《约翰·杜威与美国民主》。伊塞卡, 纽约: 康奈尔大学出版社, 1991 年版。(Westbrook, Robert. *John Dewey and American Democracy.* Ithaca, New York: Cornell University Press, 1991.)

哲学类

理查德·伯恩斯坦:《约翰·杜威》。加利福尼亚: 里奇威出版公司，1966 年版。(Bernstein, Richard. *John Dewey*. California: Ridgeview Publishing Company, 1966.)

詹姆士·坎佩尔：《理解约翰·杜威》。伊利诺斯：公开法庭出版社，1995 年版。(Campbell, James. *Understanding John Dewey*. Illinois: Open Court, 1995.)

米歇尔·爱德里奇：《改造经验：约翰·杜威的文化工具主义》。纳士威利：万德比尔特大学出版社，1998 年版。(Eldridge, Michael. *Transforming Experience: John Dewey's Cultural Instrumentalism*. Nashville: Vanderbilt University Press, 1998.)

莱利·海克曼编：《读解杜威：后现代的诠释》。印地安那：印地安那大学出版社，1998 年版。(Hickman, Larry, ed. *Reading Dewey: Interpretations for a Postmodern Generation*. Indiana: Indiana University Press, 1998.)

悉尼·胡克：《约翰·杜威：智慧的肖像》。纽约：约翰·戴出版公司，1939 年版；普罗米修斯图书公司再版，理查德·罗蒂新序，纽约：普罗米修斯图书公司，1995 年版。(Hook, Sidney. *John Dewey: An Intellectual Portrait*. New York: John Day Co, 1939. Reprinted with a new introduction by Richard Rorty by Prometheus Books New York: Prometheus Books, 1995.)

保罗·A. 施普与列维斯·哈恩编：《约翰·杜威的哲学》，载于《著名哲学家文库》，第 1 卷。伊利诺斯，公开法庭出版社，1989 年版。(Schilpp, Paul, A. and Hahn, Lewis, eds. *The philosophy of John Dewey*. Volume 1 of the Library of Living Philosophers. Illinois: Open Court, 1989.)

《最伟大的思想家》

主编：张世英　赵敦华

阿奎那	莱布尼茨
阿伦特	卢梭
奥古斯丁	罗蒂
柏拉图	罗素
贝克莱	洛克
波伏娃	马克思
波普	梅洛-庞蒂
德里达	密尔
笛卡尔	尼采
杜威	帕斯卡尔
弗洛伊德	皮尔士
福柯	荣格
伽达默尔	萨特
哈贝马斯	叔本华
海德格尔	斯宾洛莎
黑格尔	苏格拉底
胡塞尔	梭罗
怀特海	陀斯妥耶夫斯基
霍布斯	维特根斯坦
加缪	休谟
康德	亚里士多德
克尔恺郭尔	伊壁鸠鲁
蒯因